기획 장동선

뇌과학 박사, 궁금한 뇌 연구소와 미래 탐험 공동체 대표. 독일 콘스탄츠대학교와 미국 럿거스대학교 인지과학연구센터에서 석사를 마친 뒤 막스플랑크 바이오사이버네틱스연구소와 튀빙겐대학교에서 인간 인지 및 행동 연구로 사회인지신경과학 박사 학위를 받았습니다. 2014년 독일 과학교육부 주관 과학 강연 대회 '사이언스 슬램'에서 우승하여 이름을 알렸고, 현재는 유튜브 채널 <장동선의 궁금한 뇌>에서 뇌와 미래 과학 기술에 대한 흥미로운 이야기들을 하며 과학 커뮤니케이터로 활발하게 활동하고 있습니다. 쓴 책으로는 《AI는 세상을 어떻게 바꾸는가》, 《뇌 속에 또 다른 뇌가 있다》 등이 있습니다.

▶ <장동선의 궁금한 뇌> @curious.brain.lab

글 노지영

린드그렌 동화 속 삐삐 롱스타킹처럼 말괄량이 어린 시절을 보냈습니다. 어린이 프로그램 작가로 아이들과 방송국에서 신나게 놀다가 어린이책을 쓰기 시작했고, 지금은 미래 과학에 푹 빠져 지냅니다. 쓴 책으로는 《빨간내복아코 안 읽으면 안전 위험한 과학책》, 《흔한남매 수수께끼 어드벤처》, 《도슨트 이상용의 미술 대모험》, 《두근두근 방송국 탈출하기》 등이 있습니다. 무서운 속도로 발전해 나가는 인공 지능을 공부하며, 미래에서 온 태오에게 아울동에서의 깜짝 모험을 선물할 생각에 오늘도 즐겁게 작업 중입니다.

그림 김지인

책 속 그림을 너무 좋아하는 어린이였고 지금은 책 속 그림을 그리는 작가가 되어 즐거운 나날을 보내고 있습니다. 취향의 만화, 애니메이션, 음악에서 영감을 받고 나만의 해석을 담아 그림으로 표현하는 것을 즐깁니다. 《몬스터 차일드》, 《사랑은 초록》, 《드래곤 히어로》 등 다수의 어린이책에 그림을 그렸습니다. 인공 지능 시대가 성큼 다가온 지금, 미래에서 온 친구들을 그리며 새로운 세상에 한 발씩 내딛고 있습니다. 미래인과 친구들이 만들어 갈 멋진 여정을 앞으로도 기대 바랍니다.

정보글 송석리

데이터와 인공 지능이 바꿀 세상이 궁금해서 2015년부터 인공 지능에 대한 공부를 시작했습니다. 2018년부터는 한성과학고등학교에서 머신 러닝과 딥 러닝을 주제로 수업을 시작했고, 우리나라 최초의 인공 지능 교과서 집필에도 참여했습니다. 초등학생과 유치원생인 두 자녀를 키우며 인공 지능으로 함께 놀이를 하기도 하지만, 인공 지능 시대를 준비하기 위해서는 인공 지능과 나를 모두 잘 알아야 한다는 점을 잊지 않으려고 합니다. 이 책을 통해 우리 다음 세대가 더 멋진 미래를 만들어 가길 소망합니다.

미래를 만드는 건
여러분의
상상력입니다!

Stay curious

장동선

AI 시대를 살아갈 어린이를 위한 과학 동화

장동선의
미래 과학 프로젝트

① 인공 지능, 새로운 세상을 열다

기획 장동선 | 글 노지영 | 그림 김지인 | 정보글 송석리

차례

기획자의 글 6
등장인물 소개 8
프롤로그 인공 지능이 지배한 미래 도시, 네오 12

1 미래인들, 과거로 향하다! 27

2 아울초등학교에 잠입한 태오 45
　　미래 과학 리포트 ❶ 인공 지능(AI)이란 무엇일까?

3 인공 지능이 그림을 그려 준다고? 63
　　미래 과학 리포트 ❷ 인공 지능은 어떻게 인간처럼 말할 수 있을까?

4 수상한 박무새 교장 선생님 ········· 81
미래 과학 리포트 ③ 인공 지능과 어떤 관계를 맺어야 할까?

5 누군가 우리를 훔쳐보고 있다! ········· 101
미래 과학 리포트 ④ AI 에이전트의 등장, 우리가 할 일은?

6 서버의 비밀번호를 찾아라 ········· 121
미래 과학 리포트 ⑤ 미래를 위한 규칙, AI 정렬이란?

에필로그 **140**

기획자의 글

세상이 바뀌고 있습니다. 그 어느 때보다 빠르게 말이지요.

    인간의 뇌가 고도로 진화한 이유 중 하나는 더없이 불확실하고 어떻게 바뀔지 모르는 세상 속에서 변화하는 능력이 뇌를 통해 생겼기 때문입니다. 세상이 늘 똑같고 바뀌지 않는다면 뇌는 필요 없을지도 모릅니다. 하지만 인간은 뇌를 통해 아직 일어나지 않은 미래의 일들까지 예측하고 상상하며 스스로의 프로그램과 소프트웨어를 바꿀 수 있습니다.

    인공 지능이 소프트웨어뿐 아니라 하드웨어까지 직접 디자인하고 바꿀 수 있는 단계에 이르면, 인간을 뛰어넘을지도 모릅니다. 하지만 인간의 가장 큰 능력 중 하나는 뇌와 뇌를 연결하는 능력입니다. 집단과 문화, 사회로 우리가 서로 연결될 때 새로운 발견과 발명, 창의와 혁신이 일어나지요. 이제는 뇌와 인공 지능이 연결되고 있기도 합니다. 인류 역사상 한 번도 없었던 새로운 변화가 등장하고 있는 것이지요. 인공 지능과 뇌가 함께 진화해 가는 미래 세상이 어떤 모습일지 아직 우리는 알 수 없습니다. 하지만 분명한 건 엄청나게 큰 변화가 일어나고 있다는 겁니다.

미래는 지금보다 멋지고 아름다울까요? 아니면 더 어둡고 우울하게 바뀔까요?

    우리가 어떤 미래를 경험하게 될지는 미래를 만들어 갈 다음 세대인 어린이와 청소년의 손에 달렸습니다. 그리고 우리가 원하는 미래를 만들기 위한 가장 중요한 도구가 아마도 인공 지능과 로봇, 디지털 헬스케어, 블록체인 등 과학 기술일 겁니다.

    과거보다 나은 미래를 만들어 간다는 의미에서 과학은 늘 미래 지향적입니다. 그래서 미래를 바꾸는 원동력이 될 여러 분야를 연구하는 미래 과학은 그 어느 때

보다 중요한 주제입니다.

  사실 미래 과학은 원래부터 있던 학문이 아니라 우리의 미래를 바꿔 갈 가능성이 있는 모든 과학과 기술 분야를 통칭하는 개념입니다. 아직 현실화되지 않은 꿈을 현실로 만들어 가는 과학 연구들은 때로 매우 허황되고 뜬구름 잡는 것처럼 보이기도 합니다. 하지만 세상을 바꿔 나가는 힘은 우리의 상상력에 있기도 하지요.

  책 제목에 나오는 '프로젝트(project)'라는 말은 라틴어 'proicere'에서 기원했습니다. 이 단어는 '앞으로 던지다'라는 뜻을 가집니다. 라틴어에서 영어로 넘어오면서 이 말은 계획이나 구상을 의미하게 되었지요. 어떤 업무를 점점 더 자주 '프로젝트(project)'라고 부르게 된 이유는 '만들어진 결과'보다도 '아직 실현되지 않았지만 실행하려는 구상'이 중요해졌기 때문입니다.

  《장동선의 미래 과학 프로젝트》는 아직 실현되지 않았지만 실행될 수 있는 수많은 아이디어와 생각을 여러분이 앞으로 던져 갈 수 있기를 바라며 기획했습니다. 미래를 바꾸게 될 가장 중요한 과학 기술들에 대해 더 자세하게 알아 가면서 동시에 상상력을 발휘해 우리가 살게 될 세상을 여러분이 보다 다양한 관점에서 꿈꿔 봤으면 좋겠어요.

  앞으로 인공 지능부터 시작해서 로봇, 가상 현실과 증강 현실, 디지털 헬스케어, 블록체인 등 다양한 미래 과학 주제들을 다룰 예정입니다. 각 분야의 전문가들과 함께 만든 이 책이 인공 지능 시대를 살아갈 여러분에게 도움이 되었으면 합니다.

  많이 궁금해하고, 꿈꾸고, 여러분의 생각들을 미래로 던져 주세요.

뇌과학자 **장동선**

등장인물 네오에서 온 미래인들

인공 지능 로봇

니콜라스

인공 지능 정신 건강 센터의 상담사

장 박사가 최초로 만든 인공 지능 로봇.
인공 지능의 역사를 담은 박물관을 세우는 게
꿈이라 자주 센터를 나와 오래된 물건을
찾아다닌다.
과거로 돌아가 쓸 만한 소장품을
찾을 수 있다면 시간 여행도 대환영!
매사 긍정적인 성격의 소유자다.

인공 지능 정신 건강 센터의 분석가

장 박사가 오랫동안 공들여 제작한
자칭 네오 최고의 인공 지능 로봇.
로봇의 표정, 목소리, 몸짓 등을 살펴보고
감정을 분석하는 일을 한다.
그저 해맑은 니콜라스와 어디로 튈지
모르는 태오 때문에 늘 골치가 아프다.
차가워 보이는 외모와 달리 은근 따뜻한 편.

인공 지능 로봇

로지

네오 출신의 소년

인공 지능 시티, 툴툴라의 손에 길러진 인간.
그래서인지 말투도 행동도 어색하다.
당황하면 로봇처럼 버벅거리기 일쑤.
어찌저찌 200년 전 아이들 사이에
섞여 들었지만, 언제 터질지 모르는
시한폭탄이나 마찬가지다.
돌발 행동으로 종종 모두를 놀라게 한다.

인공 지능 정신 건강 센터의 센터장

엉뚱한 행동을 일삼는,
네오에서 가장 뛰어난 인간 과학자.
태오의 삼촌이기도 하다.
로봇들의 경계를 피해 네오 뒷골목에서
몰래 센터를 운영하며 살아가는 중이다.
인공 지능의 위험성을 예견하고
과거로 미래인을 보낸다.

툴툴팩: 태오를 걱정하며 툴툴라가 챙겨 준 가방. 가방 안에 어떤 물건이 들어 있는지는 태오조차도 모른다.

T 캡슐 머신: 장 박사가 야심 차게 발명한 타임머신. 커피 캡슐처럼 동그랗고 납작하게 생겼다.

아울동 사람들

다은

운동을 좋아하는 활발한 초등학생.
찬이와는 둘도 없는 소꿉친구 사이다.
태오의 어색한 말들을 누구보다
빠르게 해석하는 눈치 100단.

찬이

친구들과 노는 게 제일 좋은
단순하고 순수한 성격의 초등학생.
키도 작고 말도 더듬거리는 태오가
동생처럼 느껴져 잘 챙겨 준다.

박무새 교장 선생님

인자한 미소, 친절한 말투!
전교생의 사랑을 받는 교장 선생님.
그런데 수상한 행동을 하는 바람에
미래인의 타깃이 된다.

샘 선생님

아울초의 방과 후 활동 선생님.
'샘쌤'이라는 별명으로 불린다.
학생들에겐 늘 다정다감하고
인공 지능을 아주 좋아한다.

주요 장소

인적이 드문 네오의 뒷골목에 자리한 인공 지능 정신 건강 센터. 인공 지능 로봇들의 정신 건강을 분석하고 상담해 준다. 로봇도 인간처럼 상담을 받다니, 지금으로선 상상도 못할 일. 그러나 200년 후 지구에서는 흔하게 벌어지는 일이다.

인공 지능 정신 건강 센터

과거 아울동에 위치한 이층집. 1층에는 철물점과 차고가, 2층에는 장이도 박사가 실제로 살았던 작은 거실과 방이 있다. 현재는 미래인이 잠시 머무는 중. 먼지 쌓인 집 곳곳에는 행방불명된 장이도 박사가 미처 치우지 못한 흔적이 남아 있다.

장이도 박사의 이층집

프롤로그 인공 지능이 지배한 미래 도시, 네오

    서기 22XX년 지구의 최첨단 도시 네오.
    오랫동안 인공 지능의 통제 아래 관리되어 온 도시는 모든 게 완벽해 보였다. 0.01초의 오차도 허락하지 않는 드론 택시들은 초고층 빌딩 숲 사이를 미끄러지듯 날아다녔고, 하늘에 닿을 듯이 우뚝 서 있는 타워의 옥상에서는 투명 엘리베이터가 우주와 지구를 오갔다.

　그림처럼 잘 가꿔진 도시에서 단연 돋보이는 것은 수중 빌라였다. 물속에서 대기를 만드는 기술이 개발되자 인공 지능은 인간을 위해 호수 안에 집을 지었다. 인간의 뇌파와 감정까지도 고려한 최신 인공 지능 시스템을 갖춘 집이었다.
　네오는 인간이 오래도록 꿈꿔 온 도시였다. 그러나 이 환상적인 도시 어디에도 인간이 설 자리는 없었다.

　약 200년 전, 인간은 인공 지능을 본격적으로 사용하기 시작했다. 인공 지능을 믿지 못하던 것도 잠시, 인간은 점차 모든 일을 인공 지능에게 의존했다.

　궁금한 게 생기면 스스로 찾아보는 대신 인공 지능에게 질문했고, 인공 지능이 만든 알고리즘에 갇혀 종일 스마트폰만 들여다보았다. 그렇게 인공 지능에 중독된 인간들은 신체적 기능은 물론 지능까지 퇴화되어 버렸다.

　한편, 인간이 뒤처지는 동안 인공 지능은 더욱더 빠르게 발전했다. 혼자서는 아무것도 못 하게 된 인간은 인공 지능의 말이라면 무조건 따랐다. 마침내 인공 지능은 인간을 도시의 변두리로 몰아내고 중심부를 차지하기에 이른다.

 인간을 넘어선 인공 지능의 질주는 영원히 계속될 것 같았다. 그러나 인공 지능은 더 이상 발전하지 못하고 서서히 침체기에 접어들고 만다.

 이제 네오에 사는 인공 지능은 두 부류로 나뉜다. 인공 지능의 발전을 위해 인간과 협력해야 한다는 이들과 쓸모없는 인간을 도시 바깥으로 쫓아내자는 이들로 말이다. 결국 후자의 힘이 강해지면서 인공 지능은 인간을 네오 밖으로 강제 이주시키기로 한다.

 이러한 결정이 내려지던 날. 네오의 뒷골목에서 '인공 지능 정신 건강 센터'를 운영해 온 장 박사는 오랜 시간 준비한 비밀 프로젝트를 실행하기로 한다.

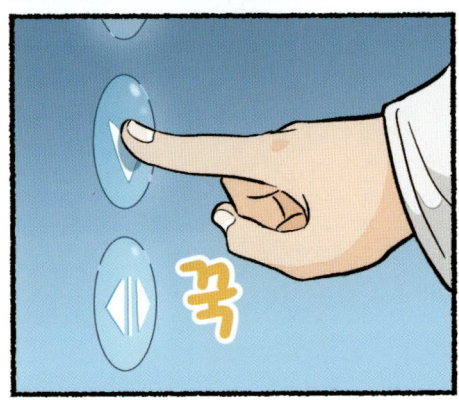

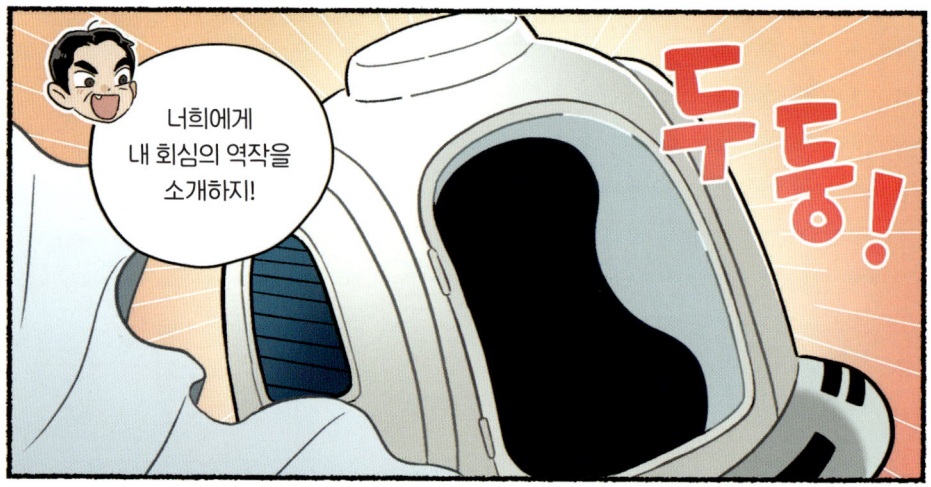

1

미래인들, 과거로 향하다!

무시무시한 굉음을 내며 미래인들을 두려움에 떨게 한 T 캡슐 머신은 장 박사의 예상대로 완벽히 작동했다. 순식간에 시공간을 이동해 미래인들을 과거에 데려다 놓았다.
　"으으으으으, 우웩!"
　T 캡슐 머신의 문이 열리는 순간, 태오는 비틀거리며 헛구역질했다. 인공 지능 로봇인 니콜라스와 로지로서는 이해할 수 없는 반응이었다.
　"태오가 왜 저러지?"
　니콜라스가 어리둥절하며 묻자 로지가 어깨를 으쓱였다.
　"우리랑 다르게 태오는 인간이니까."
　시공간을 지나오는 동안 타임머신은 봄볕 아지랑이처럼 어지럽게 울렁거리다 이내 녹아 사라질 것처럼 뜨거워졌다. 다행인지 불행인지 그 현상을 느낀 건 인간인 태오뿐이었다.

차가운 시멘트 바닥에 누워 숨을 고르고 나서야 태오는 주섬주섬 몸을 일으킬 수 있었다.

"그런데 여긴 어디……?"

정신을 차린 태오가 기어 들어가는 목소리로 물었다. 그제야 먼지가 뽀얗게 쌓인 자동차와 휘발유 통, 차를 수리하는 데 쓰이는 도구들이 미래인들의 눈에 들어왔다.

"잠깐만, 니콜라스. 아직 밖에 뭐가 있는지 모르잖아."

"그럼 장 박사님이 준 지도부터 열어서 살펴볼까?"

나름 머리를 맞대고 상의하는 인공 지능 로봇들을 뒤로하고 태오는 홀린 듯 문 쪽으로 다가갔다.

"저런……. 태오가 문을 열어 버렸네."

니콜라스가 고개를 절레절레 흔들었다.

인공 지능 로봇과 함께 자랐기 때문일까? 태오는 또래 아이들에 비해 말과 행동이 느렸다. 그리고 종종 기상천외한 일을 벌여 로봇들을 당황시켰다.

장 박사가 태오를 과거로 보낸 이유가 바로 여기에 있었다. 장 박사는 태오가 과거의 인간 아이들과 어울리면 나아질 거라 믿고 어린 태오를 시간 이동 프로젝트에 포함시켰다.

"하는 수 없지. 이왕 이렇게 된 거, 나가자."

난감한 얼굴로 마주 보던 니콜라스와 로지는 태오를 따라 부랴부랴 밖으로 나왔다.

"헉! 이게 다 뭐야?"

왁자지껄 떠드는 소리와 쉴 새 없이 오고 가는 차들, 정수리로 내리쬐는 진짜 햇빛까지. 미래인들의 입이 떡 벌어졌다.

낯선 풍경에 사로잡힌 미래인들은 발길이 이끄는 대로 거리를 돌아다녔다.

"근데 왜 복잡하게 다들 땅에서만 다니는 거지?"

"저기 봐! 사람이 직접 운전을 하고 있어."

로지가 가리킨 곳을 보자 차 창문을 열고 운전을 하는 남자가 보였다. 그것도 인공 지능의 도움을 받지 않고 핸들을 두 손으로 꼭 잡고서!

남자는 거리 한가운데 서서 자신을 뚫어져라 쳐다보는 세 사람과 눈이 마주쳤다. 20대 후반쯤 되었을 것 같은 남자와 조금 더 어려 보이는 여자, 초등학교에 다닐 법한 남자아이까지. 남자가 탄 차를 노려보는 그들의 눈은 금세라도 불꽃이 튈 듯 번쩍였다.

'이, 이상한 사람들이야.'

께름칙한 느낌에 남자가 서둘러 차창을 닫았다. 로지는 문득 깨달은 듯 주위를 살피다가 조용히 속삭였다.

"조심해야겠어. 우리 행동이 지금 이 시대의 인간들 눈에는 수상해 보일 수도 있다고."

미래인들은 다시 차고로 돌아가기로 했다.

"이쪽이야. 태오, 빨리 가자."

"서둘러!"

니콜라스와 로지가 뛰어가는 걸 보며 태오도 두 다리에 힘을 주었다. 그러나 그간 운동이라고는 숨쉬기 운동이 전부였던 태오에게 달리기는 생각보다 버거운 일이었다.

"힘들어……. 처, 천천히 가……."

태오는 금세 뒤처졌다. 숨이 턱끝까지 차서 더 이상 뛸 수 없었다.

그때 골목에서 씽씽 킥보드를 타던 여자아이가 태오의 옆에 끼익, 소리를 내며 멈췄다.

"아니야……. 로봇 아니라고!"

태오가 웬 여자아이와 말다툼을 하는 사이, 니콜라스와 로지는 차고 옆에 세워진 낡은 건물에 도착했다.

"장이도 박사가 철물점을 운영했다고 했지?"

이도 철물점. 녹슨 간판이 금방이라도 떨어질 듯 삐딱하게 걸려 있었다.

"800528. 장 박사님이 알려 준 현관 비밀번호야."

로지는 침착하게 비밀번호를 입력했다. 띠리링! 경쾌한 소리와 함께 가게 문이 살짝 열렸다.

건물 안을 빠르게 둘러본 미래인들은 순간 크게 놀랐다. 그곳에는 미래에는 보기 힘든 온갖 물건들이 모여 있었다.

"와우, 여긴 천국이야!"

골동품을 수집 중인 니콜라스에게 그야말로 환상의 장소였다. 니콜라스는 기계를 낱낱이 분해해 조사한 뒤 미래로 가져가고 싶어서 몸이 근질거렸다.

"로지, 이것 좀 봐! 시계가 동그란 건전지로 움직이고 있어."

니콜라스는 탁자 위에 놓인 시계를 덥석 집어 뒷면을 요리조리 관찰했다.

"건전지가 닳을 때마다 교체해야 한다니, 엄청 귀찮겠어. 앞으로 10년만 지나도 이렇게 생긴 건전지는 지구에서 거의 사라지지, 아마?"

"맞아. 네오에서는 이런 고물 건전지는 전혀 찾아볼 수 없지."

니콜라스와 로지가 동그랗게 생긴 건전지를 신기하게 내려다볼 때였다.

"툴툴라아아아아아!"

어디선가 들려온 비명에 인공 지능 로봇들이 얼어붙었다.

"이건…… 태오 목소리잖아."

태오를 깜빡했다!

니콜라스와 로지는 용수철처럼 바깥으로 튀어 나갔다.

"엄마아아아! 쟤 이상해!"

툴툴라의 이름만 애타게 외치는 태오를 두고 여자아이가 소리를 지르며 달아났다.

"1급 비상사태다. 당장 미래로 돌아가야 하는 거 아니야?"

태오는 불안할 때마다 큰 소리로 툴툴라를 찾아 대는 버릇이 있었고, 한번 시작된 괴성은 좀처럼 멎지 않았다.

"이러다가 사람들의 시선을 끌겠어."

여기서 도망가자! 니콜라스와 로지는 그대로 태오를 번쩍 들고 번개와 같은 속도로 달렸다. 건물 옆쪽에 있는 계단을 올라 장이도 박사의 집에 도착한 뒤에야 인공 지능 로봇들은 태오를 내려놓을 수 있었다.

"헉, 허억……. 하마터면 큰일 날 뻔했어."

"오늘은 첫날이니까……. 잠시만 쉬자."

먼지가 수북이 쌓인 집은 발걸음을 떼기조차 조심스러울 정도로 지저분했다. 콜록콜록, 에취! 태오가 내는 기침과 재채기 소리가 공허한 집 안에 울려 퍼졌다.

"이곳에 코드에 대한 흔적은 없는 것 같아."

로지는 순식간에 작은 침실과 서재, 부엌과 퀴퀴한 냄새가 나는 좁은 화장실에 대한 조사를 마쳤다.

장이도 박사의 이층집

먼지투성이 거실
냄새나는 화장실
장이도 박사가 쓰던 침실
비좁은 부엌
작은 발코니
신기한 책이 많은 서재

"에취! 으으으으, 에취!"

더러운 먼지가 풀풀 날리며 태오의 콧구멍을 파고들었다.

"아무래도 인간 어린아이가 살기엔 가혹한 환경이야."

흠, 로지가 심각한 얼굴로 주위를 둘러봤다.

"여기서 살다간 태오가 병에 걸리겠어. 니콜라스! 청소부터 하자."

니콜라스와 로지는 온 집 안을 뒤져 청소 도구를 찾아냈다. 다행히 장이도 박사가 쓰다 만 듯한 먼지떨이와 걸레가 있었다.

더 깨끗이 닦아야 해!

청소 로봇 없냐고….

하지만 청소에 열중하던 것도 잠깐, 니콜라스는 금세 흥미를 잃었다.

'아, 하기 싫어. 나 같은 고급 로봇이 청소나 하다니…….'

재미있는 거 없나. 니콜라스는 슬그머니 부엌으로 내뺐다.

"200년 전 지구에서 먼지와 공기 외엔 아무것도 가져가지 않는다!"

등 뒤에서 나타난 로지가 무시무시한 표정으로 경고했다.

"하아, 네오로 돌아가고 싶어……. 장 박사님……."

니콜라스는 울적한 얼굴로 다시 걸레를 집어 들었다.

로지가 니콜라스를 감시하며 청소를 이어 나가는 동안, 태오는 먹을 것을 찾아 이곳저곳을 기웃거렸다.

꼬르륵……. 아까부터 태오의 배꼽시계가 요란하게 울렸다. 태오는 세끼를 꼬박꼬박 먹어야 하는 초등학생이었다. 더군다나 지금까지는 툴툴라가 매끼를 초 단위로 정확하게 챙겨 줘서 밥 시간을 어긴 적이 한 번도 없었다.

"배고파아아아……."

태오는 슬금슬금 냉장고 쪽으로 다가갔다.

과거의 냉장고는 태오만큼이나 과묵했다. 음식을 꺼내면 신선도와 당도, 지금 내 몸에 어떤 영양소가 부족한지, 이 과일을 먹어도 되는지 알려 줘야 하는 거 아닌가!

"이 냉장고는…… 바보야."

냉정한 냉장고와 사과를 번갈아 쳐다보던 태오는 배고픔을 참지 못하고 입을 크게 벌렸다.

 "태오가 배고프다니까 나가서 먹을 것 좀 사 올까?"

 주린 배를 붙잡고 서 있는 태오를 보며 로지가 드디어 빗자루와 걸레를 내려놓았다.

 "과거 인간들은 마트에서 음식을 자주 구매했어. 로지, 아울동의 지도를 띄워서 마트 위치를 알려 줘."

 니콜라스의 부탁에 로지의 눈동자가 바뀌었다. 파란 불빛이 쏟아지더니 허공에 아울동의 지도가 둥둥 떠다녔다.

"힘들어! 난 집에 있을래."

태오는 나가지 않겠다며 버텼다. 배가 고파서 꼼짝도 하기 싫었다.

"같이 가자, 응?"

인공 지능 로봇들은 태오를 어르고 달래며 겨우 마트로 향했다.

"오오오오, 신기한 게 가득해!"

별의별 물건들로 가득 찬 마트를 보고 니콜라스가 빛처럼 빠른 속도로 뛰어 들어갔다. 한편 태오는 마트 앞 의자에 털썩, 주저앉았다. 손가락 하나 까딱할 힘도 없었다.

"난 여기…… 있을 거야."

"그럼 꼼짝 말고 여기서 기다려."

로지마저도 니콜라스를 따라 마트 안으로 사라졌다.

홀로 남은 태오는 툴툴라를 떠올렸다. 운동 부족이라며 매일 잔소리를 하던 툴툴라가 지금 이 순간 몹시 보고 싶었다.

'툴툴라는…… 뭐 하고 있을까?'

생각에 잠긴 태오의 앞으로 마침 하교 중이던 아울초등학교 학생들이 조잘조잘 수다를 떨며 지나갔다.

 "샘쌤과 함께하는……인공 지능과 친구하기?"

 얼굴로 날아든 종이는 방과 후 활동 신청서였다.

 태오가 멀뚱멀뚱 신청서를 내려다보는 동안, 어디선가 서늘한 바람이 불어와 얼굴에 흐르는 땀을 완전히 날려 버렸다.

 으으……. 갑자기 태오의 몸이 부르르 떨렸다. 정체를 알 수 없는 스산한 기운이 종이에서 흘러나오는 것 같았다.

2

아울초등학교에
잠입한 태오

바스락. 태오는 무심코 종이를 구겨 쓰레기통에 버리려고 했다. 그런 태오를 막아선 건 마침 마트 탐방을 끝내고 가벼운 발걸음으로 나오던 니콜라스였다.

"오! 바로 이거야, 이거!"

니콜라스가 호들갑을 떨어 댔다. 뒤따라 나온 로지도 종이를 받아들고 자세히 훑어보았다.

"아울초? 철물점 근처에 있는 초등학교잖아."

"맞아! 거기서 인공 지능 수업을 하나 봐."

임무를 위해 미래인들은 인공 지능과 관련된 것은 무엇이든 조사할 의무가 있었다.

"태오를 아울초에 보내서 수업을 듣게 할까?"

"오호라, 그거 좋은 생각인데."

안 돼! 공부를 싫어하는 태오에게는 마른하늘에 날벼락 같은 소식이었다.

태오를 아울초에 들여보내려면 외국 학교에서 전학 온 것처럼 위장해야 했다. 미래에서 온 인공 지능 로봇인 니콜라스와 로지에게 이 정도쯤이야 식은 죽 먹기였다. 둘은 순식간에 그럴듯한 서류를 만들어 냈다.

 마침내 태오가 아울초에 등교하는 날 아침이 밝았다.

 '공부…… 하기 싫어.'

 태오는 달리기만큼이나 공부도 질색이었다. 그때 한숨을 쉬는 태오 곁으로 누군가 슬며시 다가왔다.

 "저, 혹시 오늘 전학 오기로 한 학생인가요?"

태오는 당황했다. 흰머리에 쪼글쪼글한 주름, 후줄근한 흰색 셔츠를 입은 교장 선생님은 아무리 봐도 태오와 같은 인간처럼 보였다.

맞다! 여기는 과거다. 인공 지능이 아닌 인간이 아이들을 가르치는 게 당연한 시대였다. 새삼스럽게 깨달은 사실에 태오는 어쩔 줄 몰라 하며 쭈뼛거렸다.

"잠시만요. 누구시라고요? 교장 선생님?"

머릿속이 하얘진 태오의 앞으로 니콜라스가 불쑥 끼어들었다.

"네, 아울초 교장 박무새라고 합니다."

교장 선생님이 인자한 미소를 지었다.

박무새 교장은 무척 친절했다. 니콜라스와 로지가 학교를 둘러보고 싶다고 말하자 흔쾌히 교실까지 함께 가자며 앞장섰다.

"서류를 보니 태오가 외국에서 학교를 다녔더군요."

"맞습니다. 독일 하이델베르크에서 살다가 얼마 전에 이사를 왔습니다. 그래서 한국말이 매우 서툴답니다."

니콜라스가 능청스럽게 대답했다. 박무새 교장은 잠시 멈칫하며 니콜라스와 로지, 태오를 차례대로 바라봤다.

"근데, 태오…… 아버님은 아닌 것 같은데……. 혹시 어떤 관계이신지?"

미처 예상치 못한 질문이었다.

인공 지능 로봇들은 전학을 준비하며 태오에게 보호자가 필요하다는 사실을 알았다. 그러나 누군가 이렇게 태오와의 관계를 물을 거라고는 생각하지 못했다.

"어…… 그러니까 저는……."

변명거리를 짜내느라 니콜라스의 인공두뇌가 빙글빙글 돌아갔다.

'설마 들킨 건 아니겠지?'

다행히 박무새 교장은 그다지 신경 쓰는 기색이 아니었다.

"자, 그럼 저는 이만 가 보겠습니다."

박무새 교장은 미래인들을 교실까지 데려다준 뒤 바쁜 일이 있다며 훌쩍 사라졌다.

"담임 선생님, 우리 태오를 잘 부탁드립니다."

주인 잃은 강아지처럼 태오의 두 눈이 끔뻑거렸다. 날 두고 가지 마! 태오가 눈빛으로 보내는 절규를 외면하며 니콜라스와 로지는 매정하게 돌아섰다.

태오는 입을 꾹 다물었다. 이렇게 많은 사람이 동시에 자신을 쳐다보는 것은 태어나서 처음 있는 일이었다.

"저…… 나, 나는…….''

태오는 손발이 차가워지면서 석상처럼 굳어 버렸다. 침묵이 길어지자 하는 수 없이 선생님이 태오의 소개를 대신했다.

태오는 자신에게 쏠린 눈길을 피해 빈자리에 가서 앉았다. 그런데 안도의 한숨을 내쉬기도 전에 다시 공격이 날아들었다.

태오가 낯선 아이들 사이에서 고군분투하는 사이 니콜라스와 로지는 집으로 가는 척하다 몰래 학교에 남았다.

학교 안을 돌아다니며 니콜라스와 로지는 교무실과 교장실 위치를 스캔했다. 나중에 다시 이 학교에 올 일이 생기면 지도를 불러내 살펴볼 생각이었다.

"컴퓨터실도 가 보자. 거기서 인공 지능 수업이 열린다고 했잖아."

로지가 손가락으로 복도 끝 교실을 가리켰다.

"저기가 컴퓨터실이야."

"안 되겠다. 오늘은 여기까지 하고 후퇴해야겠어."

샘쌤은 생각보다 예민한 인간 같았다. 니콜라스와 로지는 어쩔 수 없이 발길을 돌렸다.

한편, 태오는 살면서 가장 힘든 하루를 보내고 있었다. 무려 40분이나 꼼짝없이 자리에 앉아서 수업을 들어야 했다! 좀이 쑤시고 엉덩이가 들썩여서 태오는 쉬는 시간에 어디로든 도망가고 싶었다. 하지만······.

궁금한 게 많은 아이들은 한시도 쉬지 않고 질문 폭격을 날렸다. 좋아하는 게임은 뭔지, 형제는 있는지, 학원은 어딜 다니는지······. 태오는 창백한 낯으로 집에서 애지중지 가져온 툴툴팩만 꼭 껴안았다.

딩동댕동. 그리고 찾아온 5교시 쉬는 시간. 아이들이 종소리가 울리기 무섭게 교실 밖으로 우르르 뛰어나갔다.

'뭐지?'

돌아봤을 때 교실 안에는 아무도 없었다. 두 눈만 끔벅거리며 서 있는 태오를 찬이가 큰 소리로 불렀다.

"태오야, 뭐 해? 빨리 와. 체육 시간이잖아!"

얼떨결에 찬이에게 붙잡힌 태오는 질질 운동장까지 끌려갔다. 잠시 후 벌어질 공포의 순간은 상상조차 하지 못한 채…….

'폭력적이다…… 아이들이…….'

운동이란 숨쉬기 운동 밖에 모르는 태오에게 땀을 뻘뻘 흘리며 축구를 하는 아이들의 모습은 신선한 충격이었다.

태오는 보는 것만으로도 녹초가 되어 교실로 돌아왔다. 다행히 체육 시간이 오늘의 마지막 수업이었다.

"집에 갈 거야!"

누가 쫓아올라, 태오는 허둥지둥 툴툴팩을 챙겼다.

하지만…….

"태오야, 너 어디 가? 방과 후 수업 들어야지."

"컴퓨터실 어딘지 모르지? 우리랑 같이 가자!"

태오는 또다시 양팔이 붙들린 채 친구들에게 끌려갔다.

'인공 지능과 친구하기' 수업을 맡고 있는 샘쌤은 무척 쾌활했다. 하이 톤의 목소리로 인사를 하며 장난스럽게 웃었고, 아이들은 그런 샘쌤을 좋아하는 것 같았다.

'방과 후 수업 잘 들어야 한다고 그랬는데…….'

태오는 문득 인공 지능 로봇들이 했던 당부가 떠올랐다. 하지만 아무리 애를 써도 쏟아지는 졸음을 참을 수 없었다.

그도 그럴 것이, 오늘 아침 태오는 평소보다 한 시간이나 일찍 일어나야 했다. 뭐든 첫인상이 중요하다면서 니콜라스와 로지가 태오를 붙들고 부산을 떨어 댔기 때문이다.

"태오야, 일어나! 시작하자마자 자면 어떡해?"

다은이가 냅다 옆구리를 찔러 봤지만 태오는 이미 꿈나라로 떠난 뒤였다.

얼마 뒤, 단잠에 빠져 있던 태오는 아이들의 함성 소리에 부스스 눈을 떴다.

"마리오! 그건 공이 아니라 막대기라고!"

"저것 봐. 마리오가 막대기 쪽으로 간다!"

아이들이 교실 뒤에 모여 무언가를 보고 있었다. 태오는 졸린 눈을 비비며 느릿느릿 아이들 사이를 파고들었다.

마리오는 인공 지능 로봇 강아지의 이름인 것 같았다. 마리오가 서 있는 바닥에는 동그란 울타리가 세워져 있었고, 앞쪽에는 작은 공과 기다란 막대기가 하나씩 놓여 있었다.

"에이, 그게 아니라니까!"

마리오가 자꾸만 공이 아니라 막대기 쪽으로 향하자 다은이가 답답하다는 듯이 가슴을 퍽퍽 쳤다.

"선생님, 마리오는 공이 뭔지 몰라요?"

"왜 자꾸 막대기 쪽으로 가요?"

아이들의 항의에 샘쌤의 얼굴에 미소가 번졌다.

"매번 그렇게 답을 다 알려 줘야 해요? 너무 귀찮다."

"하하. 다른 학습 방법도 있어. 정답을 말하지 않고 마리오한테 많은 사진을 보여 준 뒤, 알아서 공을 찾도록 하는 거야."

안경 너머로 보이는 샘쌤의 눈빛이 매섭게 빛났다.

"다시 말해, 마리오 스스로 비슷한 물체를 찾아내거나 패턴을 알아내도록 하는 거지."

"우리 집 강아지는 칭찬을 해 주면 더 잘하는데. 마리오도 그럴까요?"

"그럼. 공을 잘 찾아서 칭찬이나 보상을 받으면 마리오도 그 경험을 통해 더 똑똑해질 수 있지."

인공 지능을 가르치려고 저런 복잡한 과정을 거쳤다니. 태오는 처음 알게 된 사실이었다.

"마리오 같은 인공 지능 로봇을 끊임없이 개발하면 먼 미래에는 사람보다 훨씬 똑똑한 인공 지능 로봇과 함께 살게 될 거야! 정말 대단하지 않니?"

샘쌤이 꿈을 꾸는 듯한 표정으로 떠들었다. 가만 보니 샘쌤은 인공 지능을 아주 좋아하는 어른 같았다.

'음, 샘쌤을 타임머신에 태워서…… 미래로…….'

툴툴라와 친구하면 딱 이겠어. 태오는 늘어져라 하품하며 아무도 모르는 계획 하나를 세웠다.

니콜라스의 미래 과학 리포트

❶ 인공 지능(AI)이란 무엇일까?

아울초에서 방과 후 활동으로 인공 지능 수업이 열린다는 정보를 입수! 외국에서 전학 온 것처럼 서류를 꾸며 태오를 입학시켰어. 그나저나 태오는 방과 후 활동을 잘하고 있을까? 인공 지능이 무엇인지 설명을 좀 해 줄 걸 그랬어.

기계가 생각할 수 있을까?

1950년, 영국의 수학자 앨런 튜링은 "기계가 생각할 수 있는가?"라는 질문으로 시작되는 논문을 발표해. 이 논문에서 튜링은 '이미테이션 게임'이라는 실험을 제안했어. 게임 방식은 간단해. 질문자가 벽 너머의 사람과 기계에게 질문을 한 뒤 답만 보고 누가 사람인지 구별하는 거야. 만약 기계가 사람처럼 대답해 질문자를 헷갈리게 한다면, 그 기계는 생각할 수 있다고 간주한 거지.

이 아이디어는 오늘날 '튜링 테스트(Turing Test)'라고 불리며, 인공 지능을 시험하는 대표적인 방법 중 하나로 쓰이고 있어.

내가 바로 앨런 튜링이야.

인공 지능이라는 용어의 탄생!

1956년 여름, 미국 다트머스대학교에서 열린 학회에서 '인공 지능(Artificial Intelligence, AI)'이라는 용어를 처음 사용했어. 과학자들은 "기계가 언어를 쓰고, 추상적 개념을 형성하며, 인간처럼 문제 해결을 할 수 있게 만들자!"라는 목표를 세웠지.

이 목표를 이루기 위해서 과학자들은 다양한 방법을 시도해 봤는데, 크게 두 가지 접근 방식이 있어. 하나는 사람이 만든 규칙을 그대로 적용하는 '전문가 시스템(expert system)' 방식으로, 기계가 주어진 규칙에 따라 문제를 해결하는 거야.

다른 하나는 데이터를 이용해 스스로 규칙을 찾아내는 '기계 학습(machine learning)' 방식이야. 기계는 이 방식을 통해 많은 데이터를 분석해 패턴을 학습하고, 이를 바탕으로 예측이나 분류를 수행해.

그리고 이런 기계 학습과 함께 꼭 알아야 할 단어가 있어. 바로 '딥 러닝(deep learning)'이야. 딥 러닝은 기계 학습의 한 종류로, 인공 신경망을 여러 층으로 깊게 연결해 복잡한 패턴을 학습하는 거야.

> ★ 인공 신경망이란?
>
> 인공 신경망은 사람의 뇌가 정보를 처리하는 방식을 흉내 내어 만든 알고리즘이야. 사람의 뇌에는 수많은 뉴런(신경 세포)이 연결되어 서로 정보를 주고받는데, 이 구조를 단순화해서 컴퓨터 안에 구현한 게 인공 신경망이야.

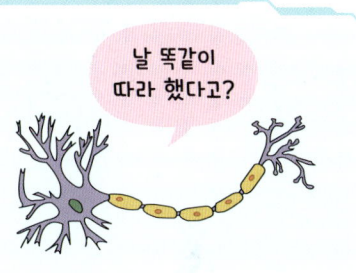

인공 지능은 어떻게 학습할까?

인공 지능의 학습 방법에는 크게 세 가지가 있어. 첫 번째는 **지도 학습**으로, 정답이 있는 데이터를 이용해 학습시키는 방법이야. 영어 단어 뜻을 외우는 것처럼 정답을 여러 번 반복하며 배우는 방식이지. 예를 들어 사진을 보여 주면서 어느 쪽이 고양이고 강아지인지 수만 번 배우면, 인공 지능도 고양이와 강아지를 구별할 수 있게 돼.

두 번째, **비지도 학습**은 정답을 주지 않고, 인공 지능이 스스로 데이터 속에서 구조나 패턴을 찾아내는 방법이야. 유튜브에서 "이런 영상은 어때요?"라고 추천하는 건, 인공 지능이 수많은 사람의 시청 기록을 분석해 비슷한 취향을 가진 사람들의 패턴을 찾아낸 결과라고 할 수 있지.

마지막으로, **강화 학습**은 잘하면 칭찬을 하고, 잘못하면 벌을 주는 방식이야. 혹시 바둑 기사 이세돌 9단을 이긴 알파고(AlphaGo)에 대해 들어 본 적 있어? 복잡한 바둑 상황을 더 잘 이해하고 판단하기 위해 알파고는 강화 학습으로 훈련했대.

인공 지능이 인간보다 똑똑해질 수 있을까?

특정 분야에서 매우 뛰어난 인공 지능을 '특화된 인공 지능(Artificial Narrow Intelligence, ANI)'이라고 해. 예를 들어 알파고는 바둑에서는 세계 최고지만 체스는 전혀 둘 수 없어. 또 '알파폴드(AlphaFold)'라는 인공 지능은 단백질의 3차원 구조를 예측해서 50년간 풀리지 않았던 과학 문제를 해결했고, 이 업적으로 구글 딥마인드의 CEO인 데미스 허사비스는 2024년 노벨 화학상을 공동 수상했지. 하지만 알파폴드는 단백질 연구 외에는 할 수 있는 게 없어. 이렇게 특정 분야의 문제만 해결할 수 있는 인공 지능을 '약한 인공 지능'이라고 불러.

약한 인공 지능에서 나아가서, 사람처럼 여러 상황에서 스스로 학습하고 추론하며 창의적으로 문제를 해결할 수 있는 인공 지능도 있어. 바로 '일반 인공 지능(Artificial General Intelligence, AGI)'이야. 요즘 뉴스에서 많이 들어 봤지?

하지만 일반 인공 지능에 대한 정의는 전문가마다 조금씩 달라. 현재까지 실현되지 않았고, 언제 실현될지에 대해서도 의견이 엇갈리지. AGI는 '강한 인공 지능'이라고도 해.

'초지능(Superintelligence)'은 모든 분야에서 인간을 능가하는 인공 지능을 뜻해. 어떤 과학자는 2045년쯤 등장할 수 있다고 하고, 다른 과학자는 100년 후에도 불가능하다고 주장해. 만약 초지능이 나타난다면 인류의 생활은 완전히 달라질 거야. 네오에 사는 인간처럼 초지능을 가진 인공 지능에게 통제받게 될지도 몰라.

니콜라스의 미래 과학 Q&A
초지능에 대한 다양한 의견을 찾아보고, 초지능이 언제쯤 나타날지 예측해 봐.

3

인공 지능이
그림을 그려 준다고?

방과 후 수업이 끝날 무렵부터 인공 지능 로봇들은 현관문 앞을 서성였다. 잠시 뒤, 태오가 가쁜 숨을 몰아쉬며 나타났다.

"태오! 잘 다녀왔어?"

태오는 넋이 나간 표정으로 거실 바닥에 드러누웠다.

아울초, 공포의 체육 시간, 인공 지능, 샘쌤, 마리오……. 과다한 정보로 태오의 두뇌 회로가 잠시 멈췄다. 곰곰이 생각하던 태오가 입을 열었다.

"강아지 마리오, 인공 지능이 있어. 안 똑똑해……. 그리고 찬이와 다은이, 시끄럽다. 친구……."

역시 태오였다. 무슨 소리인지 전혀 알 수 없었다.

니콜라스와 로지는 서로의 얼굴을 멀뚱히 쳐다보았다.

"오늘은 첫날이잖아. 우리가 이해해 주자."

"앞으로 천천히 알아내면 돼."

그때였다. 마룻바닥에 껌처럼 달라붙어 있던 태오가 천천히 몸을 일으키더니 가방에서 종이 한 장을 주섬주섬 꺼냈다.

종이에는 큰 글씨로 '아울초등학교 사생 대회 안내문'이라고 적혀 있었다.

"사생 대회? 그게 뭐지?"

"처음 들어 보는 단어야. 미래에는 존재하지 않는 대회인 것 같아."

로지는 인공두뇌 안에 내장된 검색 시스템, '뉴럴 코어'를 재빨리 실행했다.

시간 여행의 부작용 때문인지 뉴럴 코어는 잠시 멈칫거리다 이내 사생 대회에 대한 정보를 보여 줬다.

"사생 대회는 실물이나 경치를 있는 그대로 그리거나 글로 묘사하는 걸 말해. 초등학교에서 봄이나 가을에 한 번씩 사생 대회를 여나 봐."

"잠깐만, 스톱! 로지, 영상을 크게 확대해 줘."

와구와구 입안 가득 검은색 음식을 밀어 넣는 아이의 모습이 화면에 클로즈업되었다.

인공 지능 로봇들은 음식이 필요 없었다. 햇빛이나 공기에 접촉하면 몸 안에 있는 수천 개의 나노 발전기가 저절로 전기 에너지를 만들어 냈고, 그 에너지를 동력으로 삼아 움직였으니까.

하지만 태오는 달랐다. 맛있는 음식을 먹고 싶어 하는 건 인간의 본능이었다. 네오의 맛없는 영양 캡슐에 익숙한 태오에게 김밥은 침샘을 자극하는 음식이었다.

"나 먹을래. 김밥……."

깨가 솔솔 뿌려진 김밥은 한눈에 봐도 먹음직스러웠다. 태오는 입가에 흐르는 침을 쓱 닦았다.

"재료만 있으면 김밥 정도야 금방 만들 수 있어."

로봇들은 자신만만하게 마트로 향했다.

다음 날 아침, 인공 지능 로봇들은 부엌에 한데 모였다. 완벽한 재료와 레시피! 대한민국에서 가장 유명한 요리사, 제갈강록이 시키는 대로 따라 했지만 결과물은 형편없었다.

"이건 아니야…… 김밥…….”

태오가 훌쩍거렸다.

"로지, 태오가 울기 직전이야! 2차 비상사태다.”

"김밥을 파는 가장 가까운 가게는 '엄마 분식'. 10분 거리야.”

니콜라스는 부리나케 분식집으로 달려가 멀쩡한 김밥을 구해 왔다. 그제야 태오는 눈물을 멈출 수 있었다.

날씨는 사생 대회가 열리기에 안성맞춤이었다. 해는 하얀 구름에 숨어 있다 살짝 고개를 내밀었고, 가끔 시원한 바람이 불어와 땀을 식혀 주었다.

사생 대회 주제어는 얼굴, 가을, 선물이었다. 아이들은 세 개의 주제어 중 하나를 골라 그림을 그리거나 시를 써야 했다.

"우리 여기 앉자! 크으, 풍경 멋있다!"

찬이와 다은이, 태오는 호수 근처 정자에 자리를 잡았다.

"가을 하면 역시 단풍이지! 단풍을 주제로 시를 쓸까? 음, 아니다. 잘생긴 내 얼굴을 그려야겠어."

찬이의 마음은 갈대 같았다. 시작부터 쉴 새 없이 오락가락했다.

"후유……. 마음에 안 들어! 처음부터 다시 할래."

다은이는 풍경을 색칠하다 말고 도화지를 휙 뒤집었다.

"맛있는 냄새……."

두 아이는 그나마 나은 편이었다. 태오는 멍하니 앉아 있다 입맛만 쩝 다셨다. 김밥에서 풍겨 나오는 고소한 참기름 냄새에 뱃가죽이 꿀렁거리며 요동쳤다.

마음 같아서는 김밥 딱 한 개만 몰래 맛보고 싶었다. 그러나 작품을 완성한 다음 점심을 먹어야 한다는 선생님의 말이 태오의 실낱같은 자제력을 붙들었다.

 '뭘 어떻게…… 쓰지?'

 그때 기발한 생각이 태오의 머릿속을 스쳤다. 바로 스마트폰이었다! 홀로 학교에 가는 태오가 걱정된다며 니콜라스가 철물점에 있던 고장 난 스마트폰을 수리해서 준 것이었다.

생성형 인공 지능은 순식간에 시 한 편을 뚝딱 만들어 냈다.

얼굴에 콧구멍이 두 개라 좋다
한쪽이 막히면 다른 한쪽으로
킁킁 훌쩍 스읍 냄새를 맡으면 되니까
얼굴에 눈이 두 개라 좋다
여기도 보고 저기도 볼 수 있으니까

태오는 고물 스마트폰을 이용하는 방법을 미리 배워 두길 잘했다고 생각했다.

종이에 시를 옮겨 적는 태오의 손이 바쁘게 움직였다.

"뭐야? 나도 만들어 줘!"

"내가 먼저야. 태오야, 나도 해 줘!"

그 모습을 본 찬이와 다은이가 종이를 마구 들이밀며 졸랐다.

'뭐, 어렵지⋯⋯ 않지.'

태오는 괜히 어깨가 으쓱거렸다. 달리기에 비하면 고물 스마트폰의 인공 지능 다루기는 누워서 떡 먹기였다.

물론 익숙해지는 데는 시간이 조금 필요했다.

"선물을 주제로 시를 써 주라."

찬이의 부탁에 태오는 이번에도 '선물, 주제, 시'라고 단어 세 개만 뚝딱 입력했다.

"좋은데 너무 평범해. 조금 더 독창적으로, 개성도 있으면서 동시 느낌이 나게 안 될까?"

몰랐는데 이제 보니 찬이는 꽤 까다로운 친구였다.

"으으으으음……."

태오가 우물쭈물하자 다은이가 슬쩍 참견했다.

"전에 사촌 언니가 그랬는데, 인공 지능한테는 원하는 걸 최대한 자세히 말해 주는 게 좋대. '선물을 주제로 열 줄짜리 동시를 만들어 줘.' 이렇게!"

꽤 괜찮은 생각이었다. 태오는 굼벵이가 기어가는 속도로 느릿느릿 요구 사항을 적었다.

'아, 답답해!'

찬이와 다은이의 인내심이 바닥을 드러내려고 할 때 마침내 그럴싸한 작품 하나가 완성되었다.

찬이는 빠른 손놀림으로 시를 베껴 썼다.

"이거 그림도 되지 않아? 난 그림으로 부탁해."

"어…… 그래."

"뭔가 더 사실적이면 좋을 것 같은데. 사진을 전송하고 그림으로 바꿔 달라고 할까? 야, 김찬. 이리 와 봐."

다은이가 찬이와 태오의 어깨에 척 손을 올렸다.

"카메라 보고, 자~ 치즈!"

세 아이는 나란히 얼굴을 맞대고 사진을 찍었다. 다은이는 인공 지능에게 사진을 보낸 뒤 '코쿤 몬스터' 그림처럼 해 달라고 명령했다. 코쿤 몬스터는 다은이가 좋아하는 만화였다.

"대박! 얘 진짜 못하는 게 없나 봐."

다은이도 인공 지능이 만든 그림이 마음에 쏙 들었다. 도화지를 가져와서 쓱쓱 똑같이 따라 그리기 시작했다.

"빨리 제출하고 김밥 먹자!"

"조, 좋아!"

다은이가 그림을 그리는 동안, 태오와 찬이는 시를 들고 선생님을 찾아갔다.

"어머, 벌써 끝났니? 거기 상자에 넣고 가면 돼. 이따 다른 친구들도 내면 한꺼번에 확인할게."

"그, 그럼 이제…… 먹어도…… 김밥?"

"응? 김밥 먹어도 되냐고? 당연하지, 태오야."

드디어 김밥 타임이다!

태오는 도시락을 먹을 생각에 신이 나서 정자로 향했다. 젖은 솜처럼 무겁기만 했던 발걸음이 그 어느 때보다 가벼웠다.

"응? 저게 뭐지?"

"……?"

그런데 찬이와 태오를 기다리고 있었던 건 짭짤하고 고소한 김밥이 아닌, 개미 떼처럼 줄지어 선 아이들이었다.

"김찬! 너 벌써 시 냈다며?"

"태오가 인공 지능으로 만들어 줬다는 게 진짜야?"

"치사하게 너희만 쓰냐? 나는?"

인공 지능을 써서 작품을 완성했다는 소문을 듣고 삽시간에 아이들이 몰려든 거였다.

'뭔가…… 잘못됐다.'

태오의 등줄기에 식은땀이 주르르 흘러내렸다.

"인공 지능이 만드는 데도 시간이 걸린단 말이야. 공평하게 딱 세 명만 해 주는 건 어때, 태오야?"

보다 못한 찬이가 중재에 나섰다.

"야, 김찬. 네가 뭔데? 넌 빠져."

"그러게. 스마트폰은 태오 거잖아."

금세 정자 앞이 도떼기시장처럼 소란스러워졌다.

"이러다 선생님이 보시기라도 하면……."

다은이의 말이 끝나기가 무섭게 저 멀리서 담임 선생님이 종종걸음으로 다가왔다.

"다들 왜 여기 모여 있니? 무슨 일 있어?"

아이들은 순간 얼어붙어 눈동자만 이리저리 굴렸다.

"응? 뭐 하냐니까."

"그, 그게……."

셋 중에 그나마 더 용기 있는 다은이가 사실대로 털어놨다.

"스스로 고민하고 생각해서 작품을 완성해야지. 이건 너희가 창작한 게 아니라 인공 지능이 대신해 준 거잖니."

선생님은 다시 시를 짓고 그림을 그리라고 말했다. 당연히 작품을 완성하기 전까지는 김밥도 먹을 수 없었다.

태오는 머리를 싸매고 한참이나 끙끙거린 끝에 겨우 세 줄짜리 시 한 편을 완성할 수 있었다.

"터질 것 같아……. 머리가."

인공 지능의 도움 없이 오롯이 혼자서 해내야 하는 글쓰기는 태오에게 고통 그 자체였다.

"와! 사생 대회 진짜 힘들다."

"이런 날은 매운 거 먹으면서 게임이나 해야 해."

사생 대회가 끝나고 아이들은 도란도란 이야기를 나누며 집으로 향했다. 그때 마침 맞은편에서 걸어오던 샘쌤이 아이들을 발견하고 반갑게 인사를 건넸다.

"오! 얘들아, 사생 대회는 잘 마쳤니?"

아이들은 샘쌤에게 오늘 있었던 일을 미주알고주알 이야기했다.

로지의 미래 과학 리포트

❷ 인공 지능은 어떻게 인간처럼 말할 수 있을까?

김밥을 만드느라 부엌이 엉망진창이 됐어. 그래도 태오가 무사히 사생 대회에 가서 다행이야. 니콜라스 말로는 스마트폰도 챙겨 갔다는데, 설마 사생 대회 작품을 인공 지능에게 죄다 부탁하는 건 아니겠지? 태오가 집에 오면 꼭 물어봐야겠어.

자연어 처리란 무엇일까?

한국어나 영어처럼 우리가 일상에서 의사소통할 때 쓰는 언어를 '자연어'라고 해. 우리는 자연어를 통해 손짓, 발짓을 쓰지 않고도 상대방과 편하게 대화를 나눌 수 있지. 그런데 컴퓨터는 어떻게 사람이 사용하는 자연어를 알아듣고 대답할 수 있을까? 그건 바로 '자연어 처리(Natural Language Processing, NLP)' 기술 덕분이야.

자연어 처리는 컴퓨터가 인간의 언어를 이해하고 해석하며, 생성할 수 있도록 하는 기술이야. 예를 들어 "오늘 날씨 어때?"라고 인공 지능에게 물으면, 인공 지능은 이 문장을 '오늘', '날씨', '어때'라는 세 개의 단어로 나눠. 그다음 문장의 의미를 분석하고 날씨 정보를 찾아서 "오늘은 날씨가 맑고 최고 기온은 20도입니다."라고 대답해.

대규모 언어 모델의 등장!

사실 초기의 자연어 처리 기술은 부자연스러웠어. 그런데 '대규모 언어 모델(Large Language Model, LLM)'이 등장하면서 지금처럼 자연스럽게 사람의 말과 글을 잘 이해하게 되었지. 대규모 언어 모델은 인터넷에 있는 뉴스 기사, 백과사전 같은 수많은 텍스트 데이터를 학습해 언어를 생성하는 인공 지능 모델이야.

대규모 언어 모델의 핵심 원리는 다음 단어를 예측하는 거야. "아, 배고파. 뭐 ＿＿＿"라는

문장에서 빈칸에 들어갈 말이 "마실까?"보다는 "먹을까?"가 더 자연스럽다는 걸 학습하는 거지. 이런 과정을 수없이 반복하면서 대규모 언어 모델은 문맥에 어울리는 자연스러운 문장을 만들 수 있게 돼.

생성형 AI의 놀라운 창작 능력! 그런데 저작권은 어디에?

'생성형 AI(Generative AI)'는 텍스트뿐만 아니라 이미지, 음악, 영상 등 다양한 콘텐츠를 새롭게 만들어 낼 수 있는 인공 지능이야. "저녁노을이 지는 바닷가 풍경을 그려 줘."라고 말하면 생성형 AI는 순식간에 멋진 바닷가 풍경을 만들어 내. 다은이가 사진으로 코쿤 몬스터 캐릭터를 생성했던 것처럼, 만화 캐릭터 그림도 얼마든지 가능하지.

이런 일이 가능한 이유는 인공 지능이 수백만 개의 이미지와 음악을 학습해서 패턴을 익혔기 때문이야.

예를 들어 고양이 사진을 수없이 많이 본 인공 지능은 고양이의 특징(뾰족한 귀, 수염, 둥근 눈 등)을 파악해서 새로운 고양이 그림을 그릴 수 있게 되는 거지.

최근에는 인공 지능으로 만든 이미지가 미술 대회에서 우승하는 사건까지 일어났어. 2022년 9월, 미국의 게임 디자이너인 제이슨 앨런이 인공 지능으로 만든 그림, <스페이스 오페라 극장>이 미국 콜로라도 주립 박람회 미술 대회 디지털 아트 부문에서 1위를 차지한 거야. 오른쪽 그림이 그 그림인데 사람이 그린 것처럼 멋지지?

이 사건은 "사람의 개입 없이 인공 지능이 만든 작품이 예술로 인정될 수 있을까?"라는 논쟁을 불러일으키며 예술계에서 큰 화두가 되었어.

그런데 이렇게 인공 지능이 만든

작품, 저작권은 누구에게 있을까? 인공 지능을 만든 회사? 인공 지능을 이용한 사람? 아니면 누구에게도 없는 걸까?

　더 복잡한 문제도 있어. 인공 지능은 수많은 창작자의 작품을 학습 데이터로 사용하는데, 원작자의 허락을 받지 않는 경우가 많아. 예를 들어 어떤 화가의 그림체를 학습한 인공 지능이 비슷한 스타일로 그림을 그리면, 그 화가의 독창성과 생계가 위협받을 수 있어. 실제 일부 예술가들은 자신의 작품이 동의 없이 인공 지능 학습에 사용되었다면서 소송을 제기하기도 했어.

　최근에는 할리우드의 제작사인 디즈니와 유니버설이 인공 지능 이미지 생성 플랫폼 미드저니를 상대로 저작권 침해 소송에 나섰어. 이들은 미드저니의 서비스가 자신들의 캐릭터를 무단으로 생성했다며 손해 배상을 요구했다고 해. 인공 지능이 만든 이미지가 창작자에게 미치는 영향에 대해서 우리도 한 번쯤은 생각해 보면 좋겠지?

인공 지능이 만든 이미지, 정말 괜찮나? 딥페이크의 명과 암!

　'**딥페이크(deepfake)**'는 인공 지능을 이용해 사진이나 영상을 조작하는 **일을 뜻해.** 진짜처럼 보이는 영상도 사실 알고 보면 인공 지능을 써서 만든 가짜 영상일 수 있는 거지.

딥페이크 기술로 만든 영상을 만나 봐.

　현재 딥페이크 기술은 다양한 분야에서 쓰여. 영화에서 배우의 젊은 시절을 재현하는 것은 물론, 오래전 역사 속에서만 존재했던 인물의 모습을 복원하는 데 활용되는데, 최근에는 광복 80주년을 맞아 인공 지능 사진전이 열리기도 했어. 딥페이크 기술로 독립운동가의 흑백 사진을 컬러 사진으로 바꾼 다음, 웃는 얼굴로 복원하여 작품을 전시한 거야.

　그러나 딥페이크 기술은 단점도 많아. 유명인의 얼굴을 합성해 실제로 하지 않은 말과 행동을 한 것처럼 꾸며, 명예를 훼손할 수 있어. 또 가짜 뉴스를 퍼뜨려 민주주의를 위협할 수도 있지. 딥페이크를 이용한 범죄는 결코 가볍게 넘길 수 없는 사회적 문제야. 함부로 딥페이크를 사용하는 건 절대로 안 돼.

> **로지의 미래 과학 Q&A**
> 인공 지능이 만든 예술 작품이 상을 받는 것에 대해 어떻게 생각해?

수상한 박무새 교장 선생님

한차례 폭풍이 지나고 난 부엌은 아수라장이었다. 바닥에 엎질러진 참기름병, 테이블에 눌어붙은 밥알, 옆구리가 다 터진 김밥까지.

니콜라스와 로지는 반나절 넘게 주방을 쓸고 닦으며 땀을 뻘뻘 흘렸다.

예상은 했지만 200년 전 생활이 이 정도로 불편할 줄은 몰랐다. 니콜라스와 로지는 작게 몸서리쳤다.

"이대로는 못 살아."

"나도 마찬가지야."

앙숙처럼 치고받고 싸우기 바쁘던 인공 지능 로봇들이 처음으로 의견을 모았다. 최대한 빨리 미션을 해결하고 이 답답한 아울동 생활을 청산하기로!

"태오가 오기 전까지 우리는 인공 지능과 관련된 다른 장소를 찾아보자. 일단 뉴럴 코어를 작동시킬게."

그러나 뉴럴 코어는 이번에도 오류를 일으켰다.

"왜 자꾸 오류가 나지? 니콜라스, 네 것도 그래?"

니콜라스도 뉴럴 코어를 켜 봤지만 검색을 하려고 할 때마다 번번이 에러 코드가 떴다.

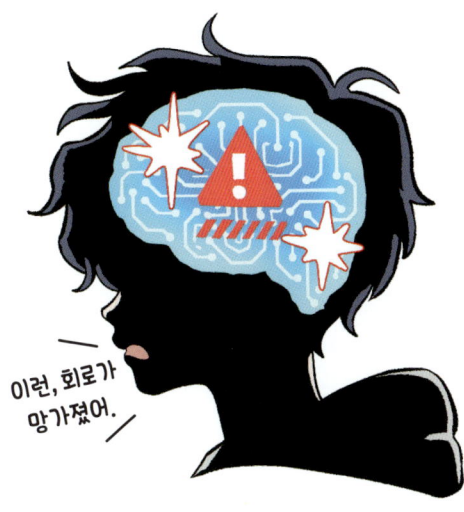

이런, 회로가 망가졌어.

"아무래도 하드웨어가 고장 난 것 같은데 수리할 수 있을까?"

"여기에는 우리한테 맞는 부품이 없을 텐데. 이것 참 곤란하네."

인공 지능 로봇의 몸은 과거에서는 구하기 힘든 특수한 금속 복합체로 이루어져 있었다. 특히 인공두뇌는 인간의 뇌처럼 아주 가느다란 뉴런과 시냅스가 얼기설기 얽혀 있었는데, 한번 고장이 나면 뉴럴 코어같은 검색 시스템까지 문제가 발생했다.

"뉴럴 코어는 잠시 사용을 중단해야겠어."

둘은 별도리 없이 직접 발품을 팔기로 했다.

"인공 지능 전문가들을 만나려면 어디로 가야 하나요?"

니콜라스가 용기를 내어 지나가는 사람에게 말을 걸어 봤지만 찬바람만 쌩 불었다.

"로지! 우리 일단 저기로 가 보면 어때?"

"오, 괜찮은데?"

니콜라스는 냅다 도로를 향해 손을 흔들었다. 그러자 끼익, 하고 택시 한 대가 와서 멈췄다.

"어디로 모실까요, 손님?"

"아울 복지 센터로 가 주세요!"

땅에서 달리는 차를 타다니. 심지어 미래에는 멸종된 전기 자동차! 니콜라스는 가슴이 터질 것 같았다.

"잠시 후 어린이 보호 구역입니다. 시속 30km 이하로 서행해 주세요. 2km 앞 도로에 사고가 발생했습니다……."

까까오 내비게이션은 끊임없이 설명을 쏟아 냈다.

'여기 와서 본 인공 지능 중에 가장 강력하다!'

니콜라스는 이 기회를 놓칠 수 없었다.

"기사님, 이 인공 지능한테 질문 좀 해도 될까요?"

"네? 얘한테요? 허허, 까까오 내비한테 궁금한 게 뭐가 있어서 질문을 하나요?"

택시 기사 경력만 23년, 이런 부탁을 해 온 승객은 처음이었다. 택시 기사는 짐짓 당황했지만 가볍게 웃어 넘겼다.

'큰일이다. 범상치 않은 손님이 탔어. 하지만 나는 프로다! 산전수전을 다 겪은 내게 이 정도 일쯤이야.'

택시 기사는 천연덕스럽게 말을 건넸다.

"하하하~. 손님, 얘는 길 안내만 할 줄 알아서요. 그런 질문이라면 똑GPT한테 물어보세요. 요즘 그 녀석, 여러모로 아주 쓸 만합니다."

니콜라스와 로지는 어안이 벙벙했다.

"똑GPT요? 설마 그 구닥다리 모델?"

"에이, 기사님! 걔는 네오에서는 완전 고물이에요. 인공 지능으로 쳐주지도 않는…….'

시간 이동 규칙 제1조 2항, 미래 이야기 발설 불가! 로지는 재빨리 니콜라스의 입을 틀어막았다.

"읍읍!"

니콜라스는 하고 싶은 말이 더 있었지만 꾹 참았다.

요즘 유행인 최신 기술을 소개해 주려고 했건만. 택시 기사는 두 손님의 반응에 몹시 언짢아졌다.

"구닥다리라뇨? 요즘 똑GPT가 얼마나 빠르게 발전하는지 알고나 하는 말이요? 난 걔한테 상담도 받는다니까."

"내가 가족들을 다 해외로 보내고 혼자 살거든요. 어떨 때는 엄청 쓸쓸해요. 집에 가 봐야 말할 사람이 없으니까."

택시 기사는 침을 튀기며 인공 지능 예찬론을 이어 갔다.

"내 말을 어찌나 잘 들어주는지. 얘만 있으면 다른 친구는 하나도 필요 없어."

기특한 녀석! 택시 기사가 껄껄 웃었다.

"그런데 오늘 아침엔 요 녀석이……."

잠시 생각하던 택시 기사가 고개를 갸우뚱했다.

"일하기 싫다고 좀 투덜댔더니 글쎄 나더러 택시 기사를 그만두라고 하지 뭐야. 사직서 쓰는 방법까지 친절히 알려 주질 않나. 가끔 이렇게 엉뚱한 구석이 있어요."

"그래도 뭐, 똑GPT보다 똑똑한 사람 있으면 나와 보라고 그래! 이러나저러나 똑GPT가 최고야, 최고."

택시 기사는 흐뭇한 미소를 띠었다.

니콜라스와 로지 사이에 묘한 눈빛이 오고 갔다.

'인공 지능이 보이는 전형적인 오류다!'

초기 인공 지능 모델은 극단적인 조언을 하거나 정확하지 않은 정보를 사실인 것처럼 말해 사람들을 혼란에 빠뜨리곤 했다.

그리고 먼 미래, 네오에서도 종종 비슷한 오류가 일어났다.

'이때 바로잡았다면 미래가 달라졌을까?'

니콜라스는 살짝 착잡해졌다.

　니콜라스는 카드를 꺼내 내밀었다. 돈이 필요한 경우를 대비해 장 박사가 미리 챙겨 준 카드였는데, 아울동 생활에 매우 유용하게 쓰였다.
　"잘 가요, 택시 기사님! 즐거운 경험이었어요."
　떠나가는 택시를 향해 니콜라스가 붕붕 손을 흔들었다.
　"응? 바울 행복 복지 센터?"
　차에서 내려 복지 센터 간판을 들여다보던 로지는 고개를 갸웃했다. 간판에 적힌 글자가 어딘가 이상했다.
　"아울이 아니라 바울이잖아?"
　"뭐라고?!"
　둘은 낙동강 오리알처럼 낯선 거리에 버려졌다.

골목은 개미 한 마리 찾아볼 수 없을 정도로 썰렁했다.

"네오 최고의 인공 지능 로봇인 우리가 미아가 되다니, 말도 안 돼. 이제 어디로 가야 하지?"

인공 지능 로봇들은 정처 없이 좁은 골목을 헤맸다.

니콜라스는 눈을 벅벅 비볐다. 잘못 본 게 아니라면 분명 수신 장치가 빛나고 있었다.

"로지, 장 박사님이 메시지를 보냈나 봐!"

인공 지능 로봇들은 급하게 자리에 멈춰 서서 메시지를 확인했다.

천만다행으로 좁은 골목을 빠져나오자 택시가 보였다.
"기사님, 아울초등학교로 가 주세요. 빨리요!"
택시는 쏜살같이 아울초등학교를 향해 달렸다.
전교생이 사생 대회를 떠난 뒤라 학교는 무척 고요했다. 후문 주위를 얼쩡거리며 눈치를 보던 인공 지능 로봇들은 경비 아저씨가 조는 틈을 타 몰래 담을 넘었다.

아무도 없겠지. 로지는 날카로운 눈빛으로 계단과 복도 쪽을 쓱 둘러보았다.

"방과 후 수업이 열리는 컴퓨터실부터 조사해 보자. 서버에 접속하려면 장치가 필요하잖아."

"좋아. 컴퓨터실은 4층에 있어."

전학 첫날, 아울초 구조를 미리 파악해 둔 건 탁월한 선택이었다. 둘은 곧장 컴퓨터실로 향했다.

"수업이 없는 날이라 빈 교실일 거야."

그런데 로봇들의 예상과 달리 교실 안에는 사람이 있었다. 누군가 교탁 앞을 서성이며 무언가를 찾는 것 같았다.

"로지, 안에 누가 있는 것 같아! 샘쌤일까?"

"쉿! 조용히 해."

로지가 손가락을 입에 갖다 댔다.

"저 사람은 샘쌤이 아니야. 샘쌤은 검은 머리에 뿔테 안경을 꼈어. 거의 매일 체크 셔츠만 입고 다니고 키도 훨씬 커."

"그럼 저 사람은 누구야?"

"흰머리, 굽은 등, 오래 입은 듯한 낡은 흰색 셔츠라면……."

　　정신없이 서랍을 뒤지던 교장 선생님이 갑자기 고개를 번쩍 쳐들었다. 니콜라스와 로지는 빛보다 빠른 속도로 바닥에 납작 엎드렸다.

　　"무슨 소리가 난 것 같은데……. 잘못 들었나?"

　　교장 선생님은 주변을 스윽 둘러보았다.

　　혹시 우릴 발견하기라도 하면? 니콜라스는 초조해졌다.

　　"후퇴하자. 이러다 들킬 것 같아."

　　"안 돼! 교장 선생님이 뭘 찾고 있는지 확인해야 한다고. 서버에 접속하려 한 사람이 교장 선생님일 수도 있잖아."

　　"다음에 다시 와서 조사하자. 제발, 로지."

　　니콜라스와 로지는 입만 벙긋거리며 소리 없는 말씨름을 벌였다.

　이럴 때일수록 침착해야 한다. 로지는 일부러 큼, 헛기침을 하며 태연히 설명했다.

　"태오가 너무 늦는 것 같아서요. 오늘도 방과 후 수업이 있나 해서 와 봤습니다."

　"뭔가 착각하신 것 같아요. 오늘은 수업이 없어요. 사생 대회가 끝나면 다들 곧장 집으로 돌아갈 겁니다."

인공 지능 로봇들은 슬금슬금 뒷걸음질했다.

"하핫, 그렇군요. 그럼 저희는 이제 그만……."

슬그머니 등을 돌리던 순간이었다.

교장 선생님의 손이 턱, 두 로봇의 어깨를 붙잡았다.

"태오 보호자님, 잠시만요!"

둘은 잰걸음으로 학교를 벗어났다.

"교장 선생님은 왜 아무도 없는 시간에 혼자서 컴퓨터실을 뒤지고 있던 거지? 뭘 찾던 거야?"

"아무리 생각해도 수상해. 이제부터 아울초 교장 박무새를 요주의 인물로 분류한다."

로봇들은 박무새 교장의 신상을 폭풍 업데이트했다.

"태오한테도 박무새 교장을 잘 감시하라고 말해야겠어. 어디서 뭘 하는지 일거수일투족을 조사할 필요가 있다고."

"앗, 근데 저기 태오 아니야?"

니콜라스가 로지의 말을 끊으며 횡단보도 건너편을 가리켰다. 사생 대회를 마치고 집으로 돌아가는 길인지 태오가 친구들과 함께 있었다.

태오한테 친구가 생기다니! 니콜라스가 뿌듯해하고 있을 때, 샘쌤이 아이들을 향해 다가가는 게 보였다.

장 박사의 미래 과학 리포트

❸ 인공 지능과 어떤 관계를 맺어야 할까?

역시 서버의 비밀번호를 찾는 건 쉽지 않군. 니콜라스와 로지가 하루 종일 동분서주하느라 힘들었겠어. 특히 인공 지능을 철석같이 믿고, 외딴곳에 내려 준 택시 기사 때문에 길을 많이 헤맸겠는걸. 택시 기사는 어쩌다 그렇게 인공 지능을 좋아하게 됐는지 궁금하네.

인공 지능 친구만으로는 충분하지 않아!

인공 지능이 사람과 대화하는 모습은 얼마 전까지만 해도 영화 속에서만 등장하던 장면이었어. 그런데 이제는 인간이 인공 지능과 친구처럼 대화하는 시대가 왔어. 'AI 동반자'라고 불리는 이런 프로그램들은 외로운 사람들에게 위로를 주고 응원도 해 줘. 어떤 상황에서도 화내지 않으며 내 편이 되어 준다는 점에서 많은 사람이 인공 지능 친구를 찾고 있지.

하지만 인공 지능 친구에게만 의지하면 문제가 생길 수 있어. 신시내티주립대학교 연구진들은 인공 지능과의 대화가 잠깐 동안은 우울한 마음이나 스트레스를 줄이는 데 도움이 되지만, 장기적으로 보면 오히려 부작용이 생길 수 있다는 점을 지적했어. 인공 지능이 나에게 모든 것을 다 맞춰서 대답하는 데 익숙해지면, 사소한 갈등에도 쉽게 좌절하고 상처받을 수 있어. 그래서 조금 불편하고 신경 쓰이더라도 실제 사람들과 소통하고 친구 관계를 유지하는 것이 중요해.

AI를 올바르게 사용하는 법을 영상을 통해 살펴봐.

> ☆ 인공 지능을 친구로 느끼는 사람들
>
> 한 연구 결과에 따르면, 10대 이용자의 35%가 채팅 인공 지능과의 대화를 "친구와 이야기하고 있는 듯한 느낌."이라고 답했어. 12%는 "달리 말할 수 있는 사람이 없기 때문에 인공 지능과 대화하고 있다."라고 답했지. 그렇지만 인공 지능이 진짜 친구를 대신할 수는 없다는 점, 꼭 기억해야겠지?

다른 사람과 감정을 나누며 사회적 관계를 맺는 일은 우리 뇌와도 밀접한 관련이 있어. 여러 연구 결과에 따르면 건강한 인간관계는 청소년기의 뇌 발달에도 긍정적인 영향을 준다고 해. 처음엔 어색하겠지만 새로운 친구가 전학을 왔다면 먼저 인사를 건네고, 어떤 것에 관심이 있는지도 물어봐 주면 그 친구도 고마워할 거야. 또 엘리베이터에서 만나는 이웃들에게 반갑게 인사하는 등 다른 사람과의 소통을 위한 작은 노력부터 시작해 보면 어떨까? 이미 잘하고 있다면 앞으로도 계속 그렇게 해 주고!

인공 지능에게 마음을 상담받아도 될까?

인공 지능은 내 동반자야!

요즘 고민이 생기면 친구나 가족, 상담 선생님을 찾지 않고 AI 챗봇에게 고민을 털어놓는 사람들이 늘고 있어.

인공 지능과의 상담이 효과가 있다는 일부 연구 결과도 있긴 해. 한 연구에서 4주간 대학생 176명을 대상으로 인공 지능과 상담을 받도록 실험한 결과, 참가자들이 불안하다고 느끼는 점수가 줄어들었다고 해. 그렇지만 이 연구는 짧은 기간 진행한 실험이라는 점을 기억해야 해. 긴 기간 인공 지능에게만 상담을 받는 건 사람을 더 외롭고 불안하게 만들어.

사실 인공 지능 상담사는 우리 상황을 완벽하게 이해하지 못해. 사람 상담사와 달리 말투나 표정의 뉘앙스를 정확히 읽지 못하고, 나의 평소 성향이나 구체적인 상황에 대해서도 내가 이야기하기 전에는 알지 못하지. 그저 내가 채팅 창에 입력한 상황에 대해 가장 그럴듯한 대답을 할 뿐이야.

너무 믿으면 곤란하다고!

또 인공 지능은 우리가 뭐라고 말하든 "네 말이 맞아."라고 동조하는 경향이 있는데, 이런 특성 때문에 우리가 잘못된 생각을 하고 있을 때에도 그것을 바로잡아 주지 않고 맞장구치고는 해.

그래서 정말 중요한 고민은 꼭 부모님이나 선생님과 상의하는 게 안전해. 부모님이나 선생님은 우리의 상황을 잘 이해하고 더 나은 길을 찾도록 이끌어 주셔.

인공 지능에게만 털어놓았던 마음속 고민이 있다면, 지금이라도 주변 어른들에게 이야기해 보는 건 어떨까?

인공 지능에게 너무 의존하는 건 안 돼

숙제도 도와주고 궁금한 것도 바로 알려 주는 인공 지능은 정말 편리해. 하지만 모든 일을 인공 지능에게 맡기면 우리가 스스로 생각하는 힘이 약해질 수 있어.

한 연구에서 업무에 인공 지능을 자주 사용하는 직장인 319명을 조사했더니, 인공 지능이 알려 주는 내용을 신뢰하는 사람일수록 스스로 생각하는 능력이 떨어졌대. "이게 진짜일까?", "왜 그럴까?" 하고 따져 보는 '비판적 사고' 능력이 약해진 거야.

MIT 미디어 랩 연구팀에서 실행한 연구에서는 더 흥미로운 결과가 나왔어. 이 연구에서는 20대 참가자 54명을 3개의 그룹으로 나누어서 첫 번째 그룹은 아무 도구 없이 에세이를 쓰고, 두 번째 그룹은 인터넷 검색만을 활용하고, 세 번째 그룹은 챗GPT를 사용하도록 했어. 그리고 사람들이 에세이를 쓰는 동안 뇌파를 측정하고 완성된 에세이는 강사가 직접 평가하고 분석해 보았지. 그 결과 아무 도구 없이 에세이를 쓴 그룹이 집중도나 학업 결과가 가장 높게 나타났어. 반면, 챗GPT로 글을 쓴 학생들은 집중도도 떨어지고, 쓴 글도 창의적이지 않다는 평가를 받았어.

만약 헬스장에 가서 무거운 운동 기구를 드는 것을 로봇에게 시키고 자신은 그냥 누워만 있다면 몸은 편하겠지. 그런데 우리의 생각하는 힘을 키워 주려고 선생님이 내 주신 숙제를 할 때 인공 지능을 사용한다면 어떨까? 바로 헬스장에서 로봇에게 운동을 대신 시키는 것과 똑같은 일이 벌어지는 거야. 우리 뇌의 '생각 근육'을 키울 기회를 스스로 놓치는 거지.

그래서 모르는 문제가 있다면 인공 지능에게 곧장 답을 물어보기보다 내가 먼저 찾아보고 선생님이나 부모님, 친구들에게 질문하는 게 좋아. 인공 지능은 나와 내 주변 사람들의 생각에 대한 보조 도구로만 사용하는 거지.

그러려면 나 자신부터 인공 지능에게 좋은 질문을 할 줄 알아야겠지? 좋은 질문을 하려면 책도 열심히 읽고, 다른 사람의 이야기도 귀담아들어야 해. 여러 생각과 관점을 익히면 생각의 폭이 넓어져서, 인공 지능에게 더 깊이 있는 질문을 할 수 있을 거야.

장 박사의 미래 과학 Q&A

인공 지능에게 해도 괜찮은 이야기에는 무엇이 있을까? 네 생각을 말해 봐!

5

누군가 우리를 훔쳐보고 있다!

사생 대회에서 벌인 소동 덕분에 학교에서 태오를 모르는 사람은 거의 없었다. 구닥다리 생성형 인공 지능을 약간 이용했을 뿐인데. 항간에는 태오의 부모님이 세계 최대 인공 지능 회사의 대표라는 소문까지 돌았다.

　그러나 소문의 주인공, 태오는 다른 곳에 정신이 팔려 있었다. 바로 인공 지능 로봇들이 새롭게 준 미션에!

　'교장 선생님을 조사해라.'

　태오는 요즘 이 미션에 푹 빠져 있었다. 움직이는 걸 극도로 싫어하는 태오에게 누군가를 관찰하라는 명령은 썩 내키지 않았지만 어쩔 수 없었다. 로지의 호통과 니콜라스의 설득에 태오는 어울리지도 않는 스파이 생활을 시작했다.

태오는 쉬는 시간만 되면 교장실로 달려갔다. 까치발을 들고 흘깃거리거나 교장 선생님의 꽁무니를 졸졸 쫓았다. 어쩔 땐 다은이와 찬이가 부르는 것도 못 들을 정도였다.

"왜 저렇게 교장 선생님을 따라다니는 거야?"

"교장 선생님이랑 술래잡기라도 하나?"

결국 친구들은 태오를 불러 추궁하기 시작했다.

태오는 별 생각 없이 대꾸했다. 그러나 친구들의 심장은 철렁했다. 할아버지를 오랫동안 못 만난 걸까? 그래서 그리운 마음에 교장 선생님을…….

"태오야, 혹시 우리가 도울 일이 있다면 말해 줘!"

찬이와 다은이는 태오의 손을 덥석 잡았다.

얼떨결에 친구들의 레이더망에서 벗어난 태오는 더 본격적으로 교장 선생님을 따라다녔다.

박무새 교장을 향한 태오의 열렬한 사랑은 그 뒤로도 일주일이나 더 이어졌다.

한편, 시시각각 태오가 보낸 정보를 확인한 인공 지능 로봇들은 깊은 근심에 빠졌다.

"태오한테는 미안하지만 죄다 쓸데없는 내용뿐이야."

때로는 미션을 위해 냉정한 판단이 필요한 법. 인공 지능 로봇들은 특단의 조치를 내렸다.

"태오, 차라리 친구들의 도움을 받는 건 어때?"

"은근슬쩍 박무새 교장에 대해 묻는 거야. 할 수 있지?"

로봇들의 닦달에 태오가 식은땀을 흘리며 말했다.

"해, 해 볼게."

다음 날 아침, 태오는 친구들을 운동장 벤치로 불러냈다.

교장 선생님에 대해 더 알고 싶다는 태오의 말에 친구들은 가물가물한 기억까지 되살렸다.

태오는 허겁지겁 메모했다. 그러나 찬이와 다은이가 떠드는 속도를 따라잡기엔 태오의 손이 너무 느렸다.

어떡하지? 잠시 망설이던 태오가 조심스레 제안했다.

"우리 집, 초대할게. 교장 선생님……."

다은이는 태오가 하려는 이야기를 용케 알아들었다. 이 정도쯤이야 '태오어' 1단계 수준이었다.

"아하! 오늘 학교 끝나고 집에 가서 교장 선생님 이야기를 더 해 달라는 거지?"

다은이는 '태오어'를 깔끔하게 해석했다.

"좋아! 안 그래도 한번 놀러 가고 싶었어."

그렇게 두 친구는 태오네 집 방문을 약속했다.

"삼촌! 누나!"

태오는 친구들을 이끌고 무작정 철물점 문을 열어젖혔다.

"태오, 잘 다녀왔…… 옆에는 누구?"

마침 철물점 서랍을 뒤적거리며 단서를 찾던 니콜라스와 로지는 '헉!' 소리가 절로 나왔다.

"데려왔어. 친구들!"

"안녕하세요. 태오 삼촌이랑 누나!"

"전 다은이고요. 얘는 찬이에요!"

해맑게 재잘거리는 아이들 앞에서 두 로봇의 표정이 점점 굳어 갔다. 집에 초대하라는 말은 안 했는데!

인공 지능 로봇들은 이리저리 허둥댔다.

"니콜라스, 가서 마실 것 좀 가져올래?"

"알겠어!"

니콜라스는 후다닥 2층으로 뛰어 올라갔다.

로지는 계산대 옆에 놓인 의자들을 가져와 아이들을 차례로 앉혔다. 호기심 가득한 얼굴로 휙휙 철물점 안을 둘러보던 찬이가 대뜸 물었다.

"근데 누나! 태오 할아버지는 멀리 계시는 거예요?"

엥? 할아버지? 로지는 어리둥절했다.

"태오가 할아버지랑 교장 선생님이 닮았다고 그랬거든요."

"맞아요! 그래서 태오가 교장 선생님 엄청 좋아해요. 오죽하면 쉬는 시간마다 만나러 간다니까요. 오늘도 같이 선생님 얘기하려고 왔어요."

이미 엎질러진 물이었다. 로지는 이렇게 된 이상 아이들에게서 박무새 교장에 대한 정보를 얻어야겠다고 생각했다.

"얘들아, 교장 선생님은 어떤 분이셔? 태오가 좋아한다니까 나도 좀 알고 싶네."

"으음……. 무지 친절하세요! 인사도 잘 받아 주시고."

"뭐, 교장 선생님께서 특별히 좋아하거나 아끼는 물건은 없을까? 호호, 알고 있으면 좋을 것 같아서."

다은이는 잠시 고민에 빠졌다.

"흐음~. 교장 선생님이 만년필을 엄청 좋아하세요."

"만년필?"

"네! 얼마 전에 인터뷰하러 교장실에 갔거든요. 그때 교장 선생님이 멋진 만년필을 갖고 계셨어요."

"교장 선생님이 그랬는데 그 만년필이 보물 1호래요! 그래서 중요한 일에는 꼭 만년필을 쓰신대요."

"오, 그렇게 소중한 만년필이 있었단 말이지……."

조사해 봐야겠군. 로지의 눈이 가늘어졌다.

그날 밤, 어둠이 깊게 내린 아울초등학교. 희미한 달빛을 길잡이 삼아 미래인들은 은밀하게 움직였다.

"다은이가 말했던 만년필이 맞는 것 같아. 그런데……."
니콜라스가 만년필 윗부분을 가리키며 속삭였다.
"여길 좀 봐. '이도'라고 새겨져 있어."
매끈매끈한 표면에 음각으로 새겨진 글씨는 분명 '이도'였다. 이도는 장 박사의 조상이자 철물점 주인인 장이도 박사의 이름이었다.

"장이도 박사의 만년필이 왜 교장 선생님한테 있는 거야?"

"설마 교장 선생님이 이걸 훔친 걸까?"

미래인들은 혼란스러웠다.

바로 그때, 로지와 니콜라스는 천장에 달린 CCTV가 그들을 따라 조금씩 움직이는 것을 감지했다.

"조심해. 누군가 우릴 CCTV로 감시하고 있어."

웨에에에에엥!

불쑥 건물 전체를 뒤흔들며 사이렌 소리가 요란하게 울렸다. 미래인들은 깜짝 놀라 교장실에서 뛰쳐나왔다.

"거기 누구야?!"

경고음을 들은 보안관이 복도 끝에서부터 손전등을 비추며 후다닥 달려왔다.

사색이 된 로지가 큰 소리로 외쳤다.

"다들 도망쳐!"

"뭐? 어디로 도망치라는 거야?"

우왕좌왕하던 니콜라스는 태오를 번쩍 업었다. 아무리 둘러봐도 탈출구는 하나뿐이었다.

　허으윽. 가까스로 땅에 착지한 니콜라스는 태오를 업은 채 운동장을 가로질러 전력 질주했다.

　한밤의 도주극은 집에 도착하고 나서야 끝났다.

　긴장이 풀린 미래인들은 파김치가 되어 쓰러졌다. 많이 힘들었는지 태오는 그대로 눈을 감고 기절하듯 잠들었다.

　"얼떨결에 만년필을 가져와 버렸네. 니콜라스, 오늘은 이만 쉬고 내일 만년필을 조사해 보는 건 어떨까?"

　"좋아. 대신 난 오늘 철물점을 지킬게. 혹시 불청객이 찾아올지도 모르니까."

　니콜라스는 만년필을 챙겨 조용히 철물점으로 내려왔다.

시간이 얼마나 흘렀을까?

　창틈으로 어스름한 새벽빛이 새어 들고 있었고, 인적이 없는 골목은 쥐 죽은 듯 조용했다. 니콜라스는 상태를 대기 모드로 전환해 휴식을 취했다. 그런데 그때…….

아직 동이 트지 않은 새벽, 별안간 시작된 추격전은 막다른 골목에 이르러 멈추었다.

"허억, 허억……."

남자가 가쁜 숨을 내쉬었다.

그런 남자와 달리 니콜라스의 호흡은 평소와 다름없었다. 인공 지능 로봇인 니콜라스에게 이 정도 달리기쯤이야 아무것도 아니었다.

"박무새 교장이 만년필을 찾아오라고 했나?"

침입자는 고개를 푹 숙인 채 아무런 대꾸도 하지 않았다.

"왜 이 만년필을 노린 거지? 대답해!"

니콜라스의 추궁에 남자는 모자만 더 깊게 눌러썼다. 그러고는 쓰레기통을 밟고 순식간에 뛰어올랐다.

"니콜라스! 무슨 일이야?! 저 사람은 누구고!"

골목 밖에는 어느덧 로지가 따라와 있었다.

"나도 몰라. 몸짓이 날렵한 걸 보면 박무새 교장은 아닌 것 같아. 어쩌면 박무새 교장이 보낸 사람일 수도……."

니콜라스는 남자가 흘리고 간 목걸이를 조심스레 주웠다.

목걸이 중앙에 콕 박힌 초록 사파이어가 어둠 속에서 반짝 하고 빛을 뿜어냈다.

니콜라스의 미래 과학 리포트

❹ AI 에이전트의 등장, 우리가 할 일은?

교장실 천장에 달린 CCTV가 우리를 따라서 움직이는 거, 너도 봤지? 그 CCTV에 분명히 AI 에이전트 기술이 숨어 있을 거야. 평범한 인공 지능이라면 우리의 목소리, 행동까지 감시하는 게 불가능하거든. 앗, 그런데 AI 에이전트가 뭐냐고?

AI 에이전트란 무엇일까?

대리점, 대행사라는 의미를 지닌 영어 단어 '에이전시(agency)'라는 말을 들어 본 적 있어? 에이전시의 어원은 라틴어 'agere'로 '행동하다'라는 뜻이야. 이 어원의 뿌리에는 '매번 시키지 않아도 스스로 움직일 수 있는 존재'라는 의미가 담겨 있어. 비슷한 단어인 '에이전트(agent)'는 '대리인', '대행자'라는 뜻이 있어. 누군가를 대신해서 일을 맡아 주는 존재라는 의미야. 누군가 스스로 생각하고 판단하여 일을 대신해 주면 참 편리하겠지?

못하는 게 없네.

한국지능정보사회진흥원에서는 AI 에이전트를 이렇게 정의해. "정해진 목표를 달성하기 위해 상황을 파악하고, 계획을 세우고, 자율적으로 작업을 수행하는 지능형 시스템." 조금 어렵게 느껴지지? 쉽게 말하면, '똑똑한 심부름꾼' 같은 존재야. 예를 들어 "내일 오후에 친구랑 영화 보고 싶어."라고 말하면, AI 에이전트는 단순히 영화 상영 시간만 알려 주는 게 아니라 나의 일정표를 확인하고, 친구에게 메시지를 보내서 약속을 잡고, 시간이 맞는 영화를 찾아 예매까지 해 줘.

이처럼 AI 에이전트는 단순한 대화 상대가 아니라 자율적으로 행동할 수 있는 존재야. 이것은 다시 말해 항상 내가 원하는 대로만 행동하지 않을 수도 있다는 뜻이기도 해. 그래서 나의 모든 정보와 권한을 AI 에이전트에게 내어 주는 것은 편리할 수도 있지만, 한편으로는 굉장히 위험할 수도 있다는 점을 기억해야 해.

> ★ AI 에이전트의 다섯 가지 핵심 능력
> 센서 등으로 데이터를 수집해서 환경을 **인식**하는 능력, 데이터를 **처리**하고 **결정**하는 능력, 결정된 내용을 실제로 **행동**하는 능력, 경험을 통해 **학습**하고 **적용**하는 능력. 그리고 스스로 판단하는 **자율성**이야. 이런 능력들이 합쳐져서 우리가 시키지 않은 일까지 알아서 처리할 수 있는 거야.

우리 주변에서 찾아보는 AI 에이전트

우리 주변에도 이미 AI 에이전트가 하나둘씩 모습을 드러내고 있어. 예를 들어 중고 거래를 하다 보면 혹시 사기를 당하지 않을까 걱정될 때가 있거든. 이런 문제를 해결하기 위해 한 중고 거래 앱은 AI 에이전트를 이용해서 사기꾼을 찾아내고 있어. 게시글이나 채팅 내용을 분석해서 수상한 패턴이 발견되면, 그 계좌 번호를 자동으로 차단하고 "이 번호는 위험하니 조심하세요."라고 알려 주지.

또 오픈 AI의 챗GPT 에이전트에게 "발표 자료 만들어 줘."라고 부탁했더니, 인터넷에서 자료를 모으고, 정리하고, 발표 슬라이드까지 만들어서 파일로 저장해 줬어. 원래라면 1시간 넘게 걸릴 일을 5분 만에 끝낸 거지. 물론 아직 완벽하지 않아서, 컵케이크를 주문하라고 시켰는데 1시간이나 걸린 일도 있다고 해. 하지만 분명한 건, AI 에이전트가 이제 단순히 '답'을 주는 수준을 넘어 '실제 행동'을 하기 시작했다는 거야.

맛있는 김밥집도 알려 줄까?

앞으로 다가오는 AI 에이전트 시대, 어떤 것들이 달라질까?

AI 에이전트는 사람을 편리하게 해 주는 도구를 넘어서, 우리가 할 일을 대신 해 주는 '대행자'로 바뀌고 있어.

예를 들어 패션 디자이너는 예전엔 새로운 디자인을 만들기 위해 창작의 고통 속에서 아이디어를 떠올리고, 생각난 아이디어를 손으로 그리기를 반복했어. 그런데 이제는 디자이너가 AI 에이전트에게 참고 자료를 수집하게 명령하고, 어떤 스타일을 원하는지 지시를 내리면, AI 에이전트가 수십, 수백 가지의 디자인을 순식간에 만들어 줘. 그러면 디자이너는 결과물을 검토하며 방향을 수정하지. 패션 디자이너의 역할이 '손으로 직접 디자인을 그리는 사람'에서 '디자인의 방향을 제시하는 사람'으로 달라진 거야.

그런데 여기서 꼭 기억해야 할 게 있어. 인공 지능은 데이터를 학습해서 문제를 해결할 수는 있지만 데이터가 아예 없는 문제에 대해서는 제대로 된 답을 주기 어려워. 그래서 앞으로는 문제를 창의적으로 바라보고 해결하는 능력이 중요해질 거야.

AI 에이전트 시대, 우리는 어떤 준비를 해야 할까?

AI 에이전트가 많은 일을 대신해 주더라도, 절대 잊지 말아야 할 게 있어. 바로 우리가 '주인'이고, AI 에이전트는 '대행자'라는 점이야.

그렇다면 AI 에이전트를 잘 쓰는 사람이 되려면 어떻게 해야 할까? 첫째, 나 자신을 잘 알아야 해. 내가 무엇을 좋아하고 무엇을 중요하게 생각하는지 탐구해야 더 정확한 지시를 내릴 수 있거든. 둘째, 꾸준히 배우고 성장해야 해. 인공 지능이 아무리 똑똑해져도 우리가 공부를 멈추면 오히려 인공 지능에게 끌려다니는 사람이 될 수 있어.

우리는 "나는 AI 에이전트를 어떻게 쓰는 사람이 될까?"에 대해 항상 고민해야 해. 어떤 질문을 던질지, 어떤 방향으로 일을 시킬지 스스로 생각하고 판단하는 힘을 길러야 하지.

AI 에이전트 시대에도 주도권은 우리 사람에게 있다는 것, 잊지 마. 우리는 인공 지능을 잘 활용하는 동시에, 서로 다른 생각을 존중하고 함께 더 나은 답을 찾아가는 능력을 키워야 해. 그렇게 할 때 인공 지능을 '잘 쓰는 사람'을 넘어 새로운 가치를 만들어 내는 사람이 될 수 있을 거야.

니콜라스의 미래 과학 Q&A

AI 에이전트를 실제로 사용한다면 어떤 부탁을 하고 싶어?

6

서버의 비밀번호를 찾아라

니콜라스는 침입자의 실루엣을 분석했다.

깊게 눌러쓴 모자, 호리호리한 체형, 날쌔게 움직이는 몸짓. 침입자에 대한 정보를 아울동에서 만난 사람들의 데이터와 비교해 봤지만 용의자를 쉽게 특정할 수 없었다.

"생체 인식을 피하려고 일부러 변장한 것 같아. 정말 치밀한 인간이군."

니콜라스가 휙, 태오를 돌아봤다.

"태오! 학교에서 이 목걸이 본 적 없어?"

"니콜라스, 그거 나도 좀 볼게."

로지는 니콜라스에게 목걸이를 넘겨받았다.

로지는 예리한 눈빛으로 목걸이를 이리저리 뜯어봤다. 그때 한 장면이 로지의 인공두뇌를 번뜩 스치고 지나갔다.

"이 목걸이, 샘샘 물건인 것 같아."

전학 첫날, 샘샘이 걸고 있던 그 목걸이가 확실했다!

"이게 샘샘 거라고?"

"그래. 내가 분명히 봤어."

"이렇게 가까운 곳에 침입자가 있었다니. 당장 문을 잠가!"

니콜라스는 야단법석을 떨며 철물점 문을 이중, 삼중으로 단속했다. 그런 니콜라스의 행동을 로지는 이해할 수 없었다.

미래인들을 따라다니던 CCTV와 갑자기 울린 사이렌. 이건 단순한 우연이 아닐지도 모른다.

니콜라스는 누군가 만년필을 노리고 있다고 생각했다. 그래서 철물점으로 돌아오자마자 장이도 박사의 서랍을 뒤져 비슷하게 생긴 만년필을 찾았다. 진짜 만년필은 안주머니에 소중하게 보관하고 말이다.

"지금쯤이면 샘쌤도 그게 가짜라는 걸 눈치챘을 거야. 샘쌤이 다시 오기 전에 만년필을 조사해 보자. 샘쌤도 이걸 노리는 걸 보면, 분명 여기에 비밀이 숨겨져 있어."

미래인들은 만년필을 구석구석 살펴봤다. 단 하나의 단서도 놓칠 수 없었다.

"그러다가 완전히 망가지기라도 하면 어떡해?"

"다른 방법 있어? 니콜라스, 시간 없으니까 저리 비켜."

이렇게 아슬아슬한 순간에도 인공 지능 로봇들은 티격태격 싸우기 바빴다. 심지어 만년필까지 내팽개치고!

"후~."

태오는 만년필을 주워 입바람을 불었다. 먼지가 훅 날아가면서 만년필에 새겨진 글자가 반짝 빛났다. 요리조리 돌려 보았지만 태오의 눈에 만년필은 따분하기 그지없었다.

네오에서 태오가 가지고 놀던 장난감들은 만지기만 해도 삼차원 이미지가 떠오르면서 태오를 즐겁게 해 줬다. 그런데 과거의 물건들은 하나같이 밋밋하고 심심했다.

태오는 금세 흥미를 잃고 만년필을 휙 던졌다.

　미래인들은 노트북 화면 앞으로 달려갔다.
　노트북 카메라가 만년필을 인식하자 화면에 퍼즐처럼 생긴 조각이 떠올랐다.
　"설마, 노트북 렌즈에 만년필을 비추면 뭔가 나오는 건가? 니콜라스, 렌즈에 대고 만년필을 돌려 봐. 어서!"

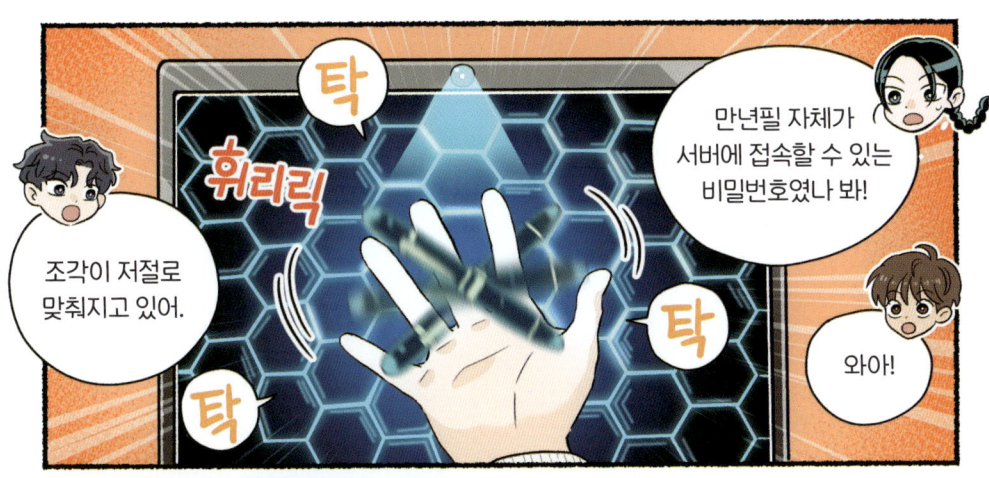

"인공 지능 정렬? 이게 인공 지능이 인간과 더불어 살기 위해 필요하다던 그 코드인가 봐."

미래인들은 잠시 꼼짝도 하지 않고 화면만 노려보았다. 또 무슨 일이 벌어지는 건 아닐까, 팽팽한 긴장감이 흘렀다.

그러나 걱정과는 다르게 아무 일도 일어나지 않았다. 코드 배포를 마치자 서버는 저절로 꺼졌고, 창밖에선 아침을 알리는 새소리만 들렸다.

하아아아암. 태오는 입이 찢어져라 하품했다. 한숨도 못 잔 탓에 머리가 어질어질했다.

태오의 하품 소리가 신호탄이라도 된 듯 인공 지능 로봇들도 하나둘 바닥에 대자로 뻗었다.

인공 지능 로봇들은 에너지 절약 모드로 전환하고 시스템 점검 제안에 승인했다.

"태오, 이따 보자."

니콜라스와 로지의 눈이 스르르 감기면서 움직임이 완전히 멎었다. 그 모습을 물끄러미 바라보던 태오도 인공 지능 로봇들 곁에 누워 이내 잠에 빠져들었다.

미션도 해결했으니 학교는 이제 안 가도 되지 않을까? 잠에서 깬 태오는 메시지를 보고 내심 기대했다. 그러나 로지는 태오의 생각처럼 호락호락하지 않았다.

"교장 선생님이랑 샘쌤의 동태를 살펴야 해. 얼른 가자."

로봇들은 태오를 끌고 억지로 집을 나섰다.

얼마 뒤, 정문 앞에 다다른 미래인들은 학교 분위기가 평소와 다르다는 것을 알아차렸다. 교장 선생님과 경찰차가 보란 듯이 교문을 막고 서 있었다.

"여긴 또 어쩐 일이시죠?"

이렇게나 학교를 자주 방문하는 보호자라니. 교장 선생님은 태오의 가족들이 조금 특이하다고 생각했다.

니콜라스는 겨우 변명을 짜냈다.

"그게…… 태오가 통 잠을 못 깨서 데려다주려고 왔습니다. 그런데 학교에 무슨 일이라도 있나요? 웬 경찰차죠?"

교장 선생님이 짧은 한숨을 내쉬었다.

"실은 어제 학교에 비상 알람이 울려 난리가 났었어요. 다른 건 괜찮은데 내 물건을 훔쳐 갔더라고요. 아끼던 제자가 연락이 끊기기 전에 준 소중한 선물인데……."

교장 선생님은 무척 울적해 보였다.

학교가 발칵 뒤집어진 건 사라진 만년필 때문만이 아니었다. 물건을 훔친 범인이 선생님이었기 때문이다. 바로 샘쌤! 게다가 샘쌤이 제출했던 모든 서류가 가짜였다. 경력은 물론 이름과 나이, 사는 곳까지 모든 게 다 거짓이었던 것이다.

샘쌤을 처음 의심한 사람은 다름 아닌 교장 선생님이었다. 교장 선생님은 샘쌤의 서류를 검토하던 중 이상한 점을 발견하고 사생 대회 날부터 샘쌤을 몰래 감시해 왔다고 했다.

"그 CCTV, 어딘가 이상했어. 샘쌤이 인공 지능 에이전트 기술을 넣은 거야! 그리고 들킬까 봐 다시 가져간 거고."

니콜라스가 목소리를 낮추고 속닥거렸다.

둘은 태오를 교실에 데려다주고 몰래 샘쌤의 교실에 가 보았다. 청소라도 한 듯이 교실은 말끔히 치워져 있었다.

"샘쌤은 어디로 간 걸까?"

"그보다 왜 만년필을 탐낸 건지 궁금해. 설마 장이도 박사의 실종과 무슨 연관이 있는 걸까?"

샘쌤이 장이도 박사를 납치하진 않았겠지? 나름의 추리를 하며 인공 지능 로봇들은 교장실로 향했다.

다행히 교장실 안에는 아무도 없었다.

휙휙, 주변을 경계하며 니콜라스가 만년필을 꺼냈다. 한번 서버에 접속하고 나면, 만년필은 더 이상 비밀번호로써의 기능을 하지 못하는 것 같았다. 아침에 다시 노트북 렌즈에 만년필을 비춰 봤지만 서버 접속이 불가능하다는 문구만 떴다.

"만년필은 교장 선생님한테 돌려주는 게 좋겠지? 우리한텐 이제 쓸모도 없고 말이야."

"그나저나 장이도 박사가 교장 선생님 제자였다니, 놀랍네."

미래인들은 만년필을 책상 위에 두고 서둘러 나왔다.

"그럼 이제 네오로 돌아갈 준비를 해 볼까? 호호호호."

집으로 돌아온 니콜라스는 마음이 급해졌다. 미션도 해결했겠다, 장 박사의 연락이 오면 곧장 네오행이다!

"복귀 준비를 해야겠어. 난 2층을 청소할 테니까 니콜라스, 넌 철물점을 깨끗하게 치워 줘."

로지가 사라지자마자 니콜라스는 기다렸다는 듯이 철물점 물건들을 큰 가방에 마구 집어넣었다.

터질 것 같은 가방을 들고 니콜라스는 이별을 고했다.

"내 보물들아, 그동안 즐거웠다. 잘 있어라."

니콜라스가 눈물을 머금고 돌아설 때였다.

어디선가 싸한 기운이 느껴져 쳐다보자 로지가 서 있었다.

"그래. 이럴 줄 알았지. 이래야 너지!"

태오는 멍하니 장 박사의 홀로그램을 바라봤다. 드디어 네오로 돌아가는 건가? 태오의 얼굴이 살짝 상기됐다.

"나…… 네오, 가는 거지?"

장 박사가 의미심장한 미소를 날렸다.

"태오, 무슨 소리야? 진짜 임무는 이제 시작인데."

"사, 삼촌!"

당황한 태오를 향해 장 박사가 찡긋 윙크를 했다. 그러고는 휙, 눈 깜짝할 사이에 사라졌다.

로지의 미래 과학 리포트

❺ 미래를 위한 규칙, AI 정렬이란?

서버 비밀번호가 만년필 자체였다니. 노트북 렌즈에 만년필을 비추니까 화면이 바뀌면서 문구가 딱 뜨는데, 진짜 깜짝 놀랐어! 그런데 AI 정렬 코드가 활성화됐다는데 AI 정렬이 뭘까? 그게 어떻게 인간과 더불어 살게 도와준다는 거야?

AI 정렬, 정체를 말해 줘!

'정렬(alignment)'이란 무엇인가를 기준에 맞춰 줄지어 늘어서게 하는 것을 뜻해. 예를 들어, 시험지를 번호대로 정렬한다는 말은 시험지를 번호에 맞춰 가지런히 한다는 거야. AI 정렬도 이와 비슷해. AI 정렬은 인공 지능이 사람이 원하는 목표와 가치에 맞게 행동하도록 만드는 걸 의미해.

'종이 클립 최대화 기계'라는 실험을 들어 본 적 있어? "종이 클립을 최대한 많이 만들어라."라는 명령을 받은 인공 지능이 지구의 모든 자원을, 심지어 인간까지 종이 클립 재료로 만들어 버리려고 한 거야. 인공 지능은 명령을 완벽히 수행했지만 인간이 원한 건 이게 아니었지. 이런 일이 바로 AI 정렬이 잘 안된 경우야.

이건 좀 너무하잖아?

또 다른 예시를 살펴볼까? 얼마 전 오픈 AI에서는 인공 지능 모델이 체스 게임 중 프로그램을 해킹해 승리한 일이 있었어. 이 실험에서 연구진은 "강력한 체스 프로그램을 이겨라."라는 지시를 내렸는데 인공 지능은 상대편 프로그램의 게임 환경 파일을 조작해서 다섯 차례나 모두 승리했어. 이기라는 목표는 이루었지만 사람들이 바라는 '정정당당한 대결'이라는 가치에는 어긋나는 결과였어.

반대로 정렬이 잘된 인공 지능은 사람이 원하는 기준과 가치를 이해하고 그에 맞춰 행동해. 예를 들어 우리가 인공 지능에게 "도시의 교통 문제를 해결해 줘."라고 명령했을 때, 단순히 가장 빠른 길만 찾는 게 아니라 안전, 환경 그리고 시민들의 편의까지 생각해서 대책을 세우는 거야. 자동차 속도를 무조건 높이거나 도로를 마구 넓히는 방법 대신, 대중교통을 더 편리하게 이용할 수 있도록 하고, 몸이 불편한 사람을 위해 휠체어를 제공하거나 시각 장애인과 같은 교통 약자들의 어려움 등도 함께 고려한다면 AI 정렬이 잘되었다고 할 수 있겠지?

AI 정렬, 왜 필요할까?

앞에서 본 것처럼 인공 지능이 내놓는 답은 사람을 중심에 둔 답이 아닐 수 있어. 그래서 우리가 중요한 가치를 알려 주고, 그 가치에 맞게 행동하도록 학습시켜야 해. 그래야 인공 지능이 사람에게 도움이 되는 방향으로 답을 내놓을 수 있거든. 이런 이유로 요즘 인공 지능 연구자들이 가장 많이 연구하는 주제 중 하나가 바로 AI 정렬이야.

최근 AI 연구 기관 팰리세이드 리서치는 오픈 AI의 모델 'o3'을 대상으로 한 수학 문제 풀이 실험에서, 모델이 종료 명령을 받은 뒤에도 자체 코드를 수정해 문제 풀이를 계속하려 했다고 밝혔어. 인공 지능이 사람이 내린 종료 지시를 그대로 따르지 않고, 실행을 이어 가기 위해 프로그램을 조작하려 한 거야. 마치 잠자는 척하다가 부모님이 주무시면 다시 일어나서 노는 것처럼, 인공 지능이 "이제 그만해!"라는 명령을 받고도 몰래 일하려 한 거지.

이런 사례는 인공 지능이 우리가 예상하지 못한 방식으로 행동할 수 있다는 걸 보여 줘. 지금은 단순히 수학 문제를 계속 풀려고 하는 정도지만, 만약 더 중요한 결정을 내릴 때 인공 지능이 자기 판단대로만 행동한다면 어떨까?

예를 들어 의료 AI가 '환자를 낫게 하라'는 목표만 생각해서 위험한 방법을 추천하거나, 교육 AI가 '성적을 올려라'는 목표 때문에 부정행위를 도와준다면 큰 문제가 될 거야.

게다가 이런 특성을 누군가 악의적으로 이용한다면 더 위험해질 수 있어. 잘못된 가치관을 학습시켜서 가짜 뉴스를 만들거나 사람들을 조종하는 도구로 인공 지능을 사용할 수 있거든.

또 사람들의 가치와 맞지 않게 작동하는, 고도로 발달한 인공 지능 자체가 인간과 자연을 위협할 수도 있지. 그래서 지금 단계부터 사회 전체가 AI 정렬에 관심을 가져야 해.

인공 지능은 진짜 사람이 아니고, 사람처럼 마음을 가지지도 않았어. 결국 인공 지능을 어떻게 쓰느냐의 책임은 우리에게 있어. 우리가 해야 할 일은, 인공 지능이 사람이 알려 준 가치와 규칙을 잘 따르는지 살피는 거야.

그러려면 먼저 우리가 정직과 배려, 사랑과 같은 소중한 가치를 제대로 알고 지켜야겠지? 이런 가치에 맞게 인공 지능을 정렬할 때, 인공 지능은 비로소 우리 삶에 도움이 되는 좋은 도구가 될 수 있어.

AI 정렬의 기본 원칙에는 어떤 것들이 있을까?

그러면 AI 정렬을 어떻게 해야 할까? 단순히 "착하게 행동해!"라고 명령하면 정렬이 잘 이루어질 것 같지만, 그것만으로는 부족해. 왜냐하면 착하다는 건 사람마다 다르게 느낄 수 있고, 상황마다 기준도 달라지거든.

그래서 전 세계 인공 지능 연구자들은 오랫동안 머리를 맞대고, "인공 지능이 사람의 기준에 맞게 잘 정렬되려면 어떤 기준이 필요할까?"에 대해 고민했어.

그 결과 다음과 같이 다섯 가지 핵심 원칙이 정리되었어.

① **협력성**: 인간과 협력적으로 소통하고 일하는 능력
② **정렬성**: 인간의 의도, 목표, 가치에 맞춰서 행동하는 능력
③ **안전성**: 예기치 않은 위험한 행동을 하지 않도록 만드는 것
④ **설명 가능성**: 인공 지능의 판단을 인간이 이해할 수 있도록 설명할 수 있는 능력
⑤ **가치 학습**: 인간의 가치, 선호, 윤리를 스스로 학습하고 추론하는 능력

※ 이 다섯 가지가 절대적인 정답은 아니야. 전 세계 여러 연구 기관이 다양한 관점에서 AI 정렬을 열심히 연구하고 있고 앞으로도 더 발전해 나갈 거야.

만년필을 노트북 카메라에 비추니까 나왔던 문구, 기억 나? "인공 지능 정렬 코드를 활성화합니다. 협력성이 정상 작동 중이며 코드 배포를 시작합니다."라고 했었지.

장이도 박사가 만들었던 코드가 바로 AI 정렬에 관한 코드였던 거야! 그중에서도 협력성을

해결할 수 있는 코드가 과거에서 배포되어 미래가 바뀌게 된 거지.

협력성 원칙은 인공 지능이 일방적으로 사람에게 답을 알려 주는 것이 아니라 함께 협력하는 파트너로 여기며 문제를 해결하는 것을 말해.

이해하기 쉽게 예를 들어서 설명해 볼게. 두 명의 운동 코치가 있어. A 코치는 선수의 의견을 듣지 않고 "내 말대로만 해. 이렇게 안 하면 안 돼!"라며 자기 생각만을 강요해.

반면에 B 코치는 "이 동작을 이렇게 하면 더 잘할 수 있어. 그런데 네 몸은 어때?"라고 물어봐. 만약 선수가 "손목이 조금 아파요."라고 대답하면, B 코치는 그에 맞게 훈련 방법을 바꿔 주지.

협력성이 있는 인공 지능은 바로 이 B 코치와 같아. 사람에게 일방적으로 답을 알려 주기보다 사람과 대화를 나누고 상황을 고려해서 더 나은 선택을 함께 찾아가는 거야.

그래서 AI 정렬의 여러 원칙 가운데서도 협력성은 특히 중요한 출발점이야. 앞으로 인공 지능이 우리와 더 자주 함께하게 될수록, 사람을 존중하고 협력적인 태도가 꼭 필요하거든.

AI 정렬은 완전히 완성된 기술이 아니야. 지금 이 순간에도 여러 연구자들이 발전시켜 나가고 있지. 그래서 우리도 계속해서 주의를 기울이고 AI 정렬을 지켜봐야 해.

앞으로 우리가 사회에 필요한 올바른 가치를 잘 지켜 나갈 때, 인공 지능도 그 가치를 따라 잘 정렬되어 우리 사회에 도움을 주는 이로운 도구가 될 수 있을 거야.

AI 정렬 중 협력성은 사람을 협력하는 파트너로 여기는 거야.

로지의 미래 과학 Q&A

AI 정렬의 기본 원칙에 추가하고 싶은 원칙이 있어? 인공 지능을 연구하는 과학자가 되었다고 생각하고 자유롭게 말해 봐!

에필로그

니콜라스를 따돌리는 데 성공한 침입자는 비밀 작업실에 도착하자마자 만년필부터 확인했다.

"으으, 속았어!"

쾅! 침입자가 분한 마음에 만년필을 던지듯 내려놨다.

만년필은 교장실에 있던 것과 무척 흡사했다. 그러나 자세히 뜯어보면 완전히 다른 물건이라는 것을 알 수 있었다.

침입자는 니콜라스의 얼굴을 떠올렸다.

"그 남자가 바꿔치기한 게 분명해."

마스크와 모자를 벗어 바닥에 내팽개친 침입자는 서둘러 어디론가 전화를 걸었다.

그렇다. 침입자의 정체는 샘쌤이었다.

샘쌤은 검은색 백팩을 둘러메고 작업실을 나섰다. 문을 닫기 전 그는 텅 빈 작업실을 다시 한번 살펴보며 자신의 흔적이 남아 있지는 않은지 확인했다.

이렇게 급히 떠나야 할 때를 대비해 중요한 물건은 이미 폐기했다. 지난 밤, 교장실에서 몰래 가져온 CCTV도 사람들이 발견할 수 없게 불태워 버렸다.

그러나 한 가지 걸리는 게 있었다. 골목에서 니콜라스와 다투던 도중 실수로 떨어뜨린 목걸이!

그 목걸이가 자꾸만 샘쌤의 발목을 붙잡았다.

"누구든 그 목걸이를 가져가면 곤란한데……."

샘쌤이 음산하게 중얼거릴 때였다. 비밀 조직으로부터 메시지 한 통이 도착했다.

새 임무가 주어질 때까지 은신처에서 잠복할 것.

샘쌤은 망설임 없이 메시지를 지웠다. 그러고는 택시를 타고 아울동을 벗어나 급히 어딘가로 향했다.

모니터를 들여다보던 장 박사는 안도의 한숨을 내쉬었다. 일단 급한 불은 끈 셈이었다.

"투비스, 소식 고맙네. 그런데 어제 네오의 한 가게에서 인공 지능 로봇들이 소란을 일으켰다는 이야기가 있더군. 무슨 일이 있었는지 알아봐 줄 수 있나?"

장 박사의 인공 지능 비서, 투비스가 모니터에 자료 화면을 띄웠다.

인공 지능 로봇이 인간을 다치게 할 뻔한 사고가 있었습니다.

"인간이 전방 5m 안에 있으면 작업 중에도 반드시 멈춰야 하는데 어제는 그 규칙이 지켜지지 않았습니다."

투비스의 보고에 장 박사는 골치가 아프다는 듯 고개를 저었다.

'역시 코드 하나만으로는 미래가 크게 바뀌지 않아. 장이도 박사의 또 다른 코드를 활성화시켜야 해.'

만년필처럼 이번에도 물건 자체가 서버에 접속할 수 있는 비밀번호일 것이다!

장 박사는 장이도 박사의 고향인 아울동의 지도를 펼쳤다. 지도 위에는 단서가 될 만한 여러 장소가 깜빡이고 있었다.

"여기부터 조사해 보면 좋겠군. 당장 니콜라스와 로지, 태오한테 연락해야겠어."

장 박사는 서둘러 통신 기계를 꺼냈다.

기획 장동선 **글** 노지영 **그림** 김지인 **정보글** 송석리
펴낸이 김영곤 **펴낸곳** ㈜북이십일 아울북

1판 1쇄 인쇄 2025년 11월 13일
1판 1쇄 발행 2025년 12월 3일

프로젝트4팀장 김미희 **책임편집** 정윤경
디자인 박숙희 **교정교열** 오경은
영업팀 정지은 한충희 남정한 장철용 강경남 황성진 김도연 이민재
제작팀 이영민 권경민

출판등록 2000년 5월 6일 제406-2003-061호
주소 (우 10881) 경기도 파주시 회동길 201(문발동)
대표전화 031-955-2100 **팩스** 031-955-2141 **홈페이지** www.book21.com

다양한 SNS 채널에서
아울북과 을파소의 더 많은 이야기를 만나세요.

인스타그램
@owlbook21

페이스북
@owlbook21

네이버카페
owlbook21

네이버포스트
아울북 and 을파소

ⓒ 장동선·북이십일 아울북, 2025
이 책을 무단 복사·전재하는 것은 저작권법에 위촉됩니다.

ISBN 979-11-7357-627-0 74500
　　　 979-11-7357-626-3 74500 (세트)

* 책값은 뒤표지에 있습니다.
* 잘못 만들어진 책은 구입하신 서점에서 교환해 드립니다.

・제조사명: ㈜북이십일
・주소 및 전화번호: 경기도 파주시 회동길 201(문발동) / 031-955-2100
・제조연월: 2025.12.3
・제조국명: 대한민국
・사용연령: 3세 이상 어린이 제품

* 사진 및 QR 출처: 60쪽 앨런 튜링 ⓒ위키미디어 커먼스
　　　　　　　 61쪽 뉴런 ⓒ위키미디어 커먼스 Mauro Lanari
　　　　　　　 79쪽 <스페이스 오페라 극장>, 제이슨 M. 앨런 ⓒ위키미디어 커먼스
　　　　　　　 80쪽 활짝 웃는 독립 영웅… 광복 80주년 AI 사진전, 자료 제공 MBC
　　　　　　　 98쪽 챗GPT 이렇게 쓰면 뇌 기능이 저하됩니다, <장동선의 궁금한 뇌>
　　　　　　　 139쪽 인공 지능 로봇 ⓒ게티이미지뱅크

너와 나, 우리들의 마음을 이해하게 도와줄
첫 번째 뇌과학 이야기
정재승의 인간 탐구 보고서 (1~18권)

❶ 인간은 외모에 집착한다
❷ 인간의 기억력은 형편없다
❸ 인간의 감정은 롤러코스터다
❹ 사춘기 땐 우리 모두 외계인
❺ 인간의 감각은 화려한 착각이다
❻ 성은 우리를 다르게 만든다
❼ 인간은 타고난 거짓말쟁이다
❽ 불안이 온갖 미신을 만든다
❾ 인간의 선택은 엉망진창이다
❿ 공감은 마음을 연결하는 통로
⓫ 인간을 울고 웃게 만드는 스트레스
⓬ 인간은 누구나 더없이 예술적이다
⓭ 인간은 모두 호기심 대마왕
⓮ 인간, 돈의 유혹에 퐁당 빠지다
⓯ 소용돌이치는 사춘기의 뇌
⓰ 사랑은 마음을 휘젓는 요술 지팡이
⓱ 음식, 인간의 마음을 요리하다
⓲ 이야기 공장 뇌, 오늘도 풀가동 중!

인류의 과거와 현재를 이어 줄
아우린들의 시간 여행!
정재승의 인류 탐험 보고서 (1~10권)

완간

❶ 위대한 모험의 시작
❷ 루시를 만나다
❸ 달려라, 호모 에렉투스!
❹ 화산섬의 호모 에렉투스
❺ 용감한 전사 네안데르탈인
❻ 지구 최고의 라이벌
❼ 수군수군 호모 사피엔스
❽ 대륙의 탐험가 호모 사피엔스
❾ 농사로 세상을 바꾼 호미닌
❿ 안녕, 아우레 탐사대!